님께

                                                          드립니다

한전KPS에서 온 편지

1판 1쇄 발행 | 2019년 1월 25일
지은이 | 임순형
발행인 | 이선우
펴낸곳 | 도서출판 선우미디어

등록 | 1997. 8. 7 제305-2014-000020
02643 서울시 동대문구 장한로12길 40, 101동 203호
☎ 2272-3351, 3352 팩스: 2272-5540
sunwoome@hanmail.net
Printed in Korea ⓒ 2019. 임순형

값 13,000원

※ 잘못된 책은 바꿔 드립니다.
※ 저자와 협의하여 인지 생략합니다.
※ 이 도서의 국립중앙도서관 출판예정도서목록(CIP)은 서지정보유통지원시스템
  홈페이지(http://seoji.nl.go.kr)와 국가자료공동목록시스템(http://www.nl.go.kr/kolisnet)에서
  이용하실 수 있습니다.(CIP제어번호: CIP2019001428)

ISBN 978-89-5658-599-4 03810

한전KPS에서 온 편지

임순형 지음

선우미디어

인트로

이 책은 조금 별난 월급쟁이가 '내 사랑, 한전KPS'를 위해 만든 아주 평범한 책입니다. 1984년 입사하여 결혼하고 아이 기르며 편안하게 살게 해준 회사, 최고의 직원이라는 호칭도 붙여주었으며 다방면의 공부를 시켜준 고마운 회사입니다. 퇴직 전 무엇인가 보답해야겠다 생각해 보니 막상 특별한 재주가 없었습니다. 전기공학을 전공한 기술자로 입사하여 고리, 울진, 영광원자력발전소, 본사, Gas Turbine정비기술센터에서 여러 가지 업무를 담당했지만 아쉽게도 전공과 관련된 손기술은 없습니다.

남들보다 조금 잘한 것이 글쓰기였습니다. 각종 기획보고서, 사보, 신문칼럼, 임원축사, 보고서 머리말을 쓰다 보니 소문이 퍼져, 심지어는 결혼식 때 며느리에게 보내는 시아버지의 편지까지 쓰게 되었습니다. 직원들에게 10년 넘게 편지를 보내고 있지만 글쓰기는 항상 어렵습니다. '인트로'를 쓰고 있지만 역시 어려운 것은 제목과 첫 문장을 잡는 것입니다.

회사 덕에 登壇했습니다. 회사 이름을 검색하면 株價와 회사 動靜

은 나오지만 검색되는 책이 없어 아쉬웠습니다. 회사 규모는 직원 6천여 명, 매출 1조 원이 넘는 대기업이지만, 1류 기업이라는 삼성과 현대와 달리 책 한 권 검색되지 않는 것이 아쉬웠던 것은 사랑하는 회사에 대한 문화적 열등감이었는지 모릅니다. 퇴직 전 회사 이름이 들어간 책 한 권 만들기로 했습니다. 회사에 대한 의무감은 아니지만 하고 싶은 버킷리스트 중 한 가지입니다. 사내 게시판에 올리는 글만 쓴다면 모르겠으나, 정가 매겨진 책을 만들려면 '작가'라는 명함이 필요할 듯하여 등단했습니다.

'한전KPS에서 온 편지', 직원들에게 보낸 5백여 편의 편지를 책으로 묶기 위해 정리하다 보니 리더십, 인간관계, 술과 친구, 가족 이야기 같은 정말 雜스런 日常이 모아졌습니다. 원래 수필가는 잡스러운 일상을 주제로 써 내려가므로 서양에서도 수필가를 Miscellaneous Writer라 하니, 편지인지 수필인지 장르가 분명치 않지만 저는 수필이라 우깁니다.

등단작가가 끄적거린 이야기지만 책장을 넘기며 문학성에 대한 기대를 접으시는 것이 좋을 듯합니다. 필력과 연륜 부족으로 선배작가의 발꿈치를 따라잡기 어려웠음을 고백합니다. 하지만 화려하지 않은 문체와 수식어는 담담하게 살아온 제 삶과, 무색무취 공기업인 한전KPS 색깔과 비슷하며 무관하지 않다고 생각합니다.

직장인으로서 그리 바람직하지 못한 지독한 고집쟁이였습니다. 매우 유연한 사고를 갖고 있고 타고난 역마살로 인해 영혼까지 자유롭다고 생각하나 옳다는 판단이 서면 상사와 타협하지 못했습니다. 수도 없이 부딪치고 부당하게 지시하는 상사에 대한 실력행사로 책상 서랍을 잠가 일을 거부하고, 짐을 싸놓고 발령 내달라는 시위도 했습니다. 부당한 압력을 받으면 빗대고 풍자하여 사내 게시판에 올려놓았으나, 사기업과 달리 공기업의 장점은 해고하기 어려운 것입니다. 후배님들의 귀감은 되지 못했지만 바람막이가 되는 자그만 언덕 역할에 만족하며 30여 년을 보냈습니다.

인생이나 직장생활이나 질곡이 있기 마련인데 저 역시 마찬가지였습니다. 사 창립이후 초유의 강등, 최고의 직원에게 수여되는 상, 초고속 승진 등 좌충우돌, 우여곡절이 많았고, 한때 임원에 도전할 것이냐, 고민했던 적이 있습니다. 주위 권유로 잠시 마음이 흔들렸지만 이내 평정심을 찾았습니다. 궤변에 가까운 이상한 논리겠지만, '임원이 되려고 지원하는 사람들은 여러 명 있고 그들도 역량이 있으니 내가 아니어도 임원은 누구나 할 수 있다. 하지만 회사를 위해 책을 만들 수 있는 사람은 나밖에 없다. 내가 행복한 일이라고 생각하는 책 만드는 것이 우선이며 임원은 버킷리스트 해결 후 고민'이라 판단했습니다.

사실 본격적으로 글을 쓰게 된 동기는 때늦은 사춘기 때문입니다. 청년기와 중년기를 일에 묻혀, 가족을 위해 정신없이 살았으나 휴식년 같았던 40대 후반의 1년간 장기교육기간 '어떤 삶이 행복한 삶인가'에 대해 고민했습니다. 뒤늦게 철들어 행복을 찾기 위한 공부, 향기 나는 삶을 위한 공부, 공학과 접목해 커다란 사업을 만들기 위한 인문학을 수년간 공부하고 있습니다. 행복한 인간적인 삶, 원활한 인간관계를 위해 인문학 공부가 필요하지만, 향후 펼쳐질 세상은 기술과 인문학의 결합 없이 새로운 사업을 창출하기 어렵다는 생각입니다. 또한 직원들의 창의를 이끌어내기 위한 최고의 방안은 인문학 공부라는 확신에 많은 시간을 투자했습니다.

그렇게 10년을 공부했습니다. 끝이 보일 줄 알았으나 역시 공부는 왕도와 끝이 없습니다. 다시 10년 공부를 시작했으나 퇴직이 가까워졌으므로 남은 숙제는 후배님들께 남겨 놓습니다.

노무현 대통령께서 임기 끝나고 봉하마을 사저 앞에서 "아! 기분 좋다." 하셨는데 지금 제 기분이 그렇습니다. 버킷리스트 중 하나인 '회사 이름이 들어간 책 만들기'가 내 삶의 행복이었던 것은 확실합니다.

차례

인트로 ———— 4

chapter 01 두 딸들아, 그리고 청년들아, 느려도 괜찮아

실향민 2세, ≪국제시장≫ ———— 12
자카란다 꽃잎이 날리던 날 ———— 16
4시간 만에 ———— 19
畵家를 시킬 것을 ———— 23
나는 '올드' 한 것이 좋다 ———— 27
콜라보다 못한 아빠의 인생 ———— 31
좋은 아버지 ———— 36
화분을 만들면서 ———— 39
두 딸들아, 그리고 청년들아, 느려도 괜찮아 ———— 43
막걸리빵 ———— 48
노동과 수행 ———— 51
未來 FORUM ———— 55
조직에 던져야 하는 話頭 ———— 59
중요한 것은 눈에 보이지 않는다 ———— 63
長江後浪推前浪 ———— 67
Kim's theory? No, Kim's rule! ———— 71
간부는 임명직인가 선출직인가 ———— 75

도전정신, 안전빵 ―― 80

勞動과 修行 ―― 84

4차 산업혁명, 엉뚱한 발상과 질문의 힘 ―― 87

chapter 02 우리가 파는 것은 열정입니다

발가락이 닮았다 ―― 92

술[酒]과 詩 ―― 97

對話, 여인의 옷 벗는 소리 ―― 101

배꽃 아래 막걸리 한 잔에 ―― 105

나주 적응기 ―― 108

畜産業과 水産業 ―― 111

낚시꾼 이야기 ―― 115

일요과부 만들기 ―― 122

낚시 이야기 ―― 125

단순함의 美學 ―― 128

신이 손을 내밀 때까지 ―― 132

左遷인가 榮轉인가 ―― 135

선배 노릇 ―― 139

싸움닭[鬪鷄] ―― 142

또 하나의 鐵침대 ―― 145

좋은 음식, 순댓국 ―― 149

30억論 ―― 153

위징과 황 태후 ―― 157

黑描白描 ―― 160

우리가 파는 것은 熱情입니다 ―― 165

chapter 03 행복은 어디에 있을까

느림, 세상의 이치 ―― 170
보리개떡 ―― 174
부부는 원수, 자식은 빚쟁이 ―― 178
3대가 德을 쌓았는지 ―― 182
홍어 먹기 연습 ―― 185
南道 人心 ―― 189
니미츠 愛人의 선물은 꿈과 희망이었다 ―― 193
Nipple Cap과 매니징 스타일 ―― 196
정의가 승리할까 ―― 201
말도 잘하고 글도 잘 써야 한다 ―― 205
돈은 얼마나 있어야 행복할까 ―― 209
행복은 어디에 있을까 ―― 214
꿈을 이루는 방법 ―― 219
言行이 일치되어야 ―― 223
生計의 기술, 生存의 기술 ―― 227
내려놓기 ―― 232
적어도 추하지는 않게 ―― 235
三人行必有我師 ―― 239
Dr. Maslow에게 보내는 편지 ―― 243
어떻게 살아갈 것인가,
내 자신의 주인은 누구인가, 내 삶을 살아가고 있나 ―― 247

나가면서 ―― 251

chapter 01

두 딸들아,
그리고 청년들아,
느려도 괜찮아

실향민 2세, ≪국제시장≫

　1년에 영화를 대여섯 편을 보니 자주는 아니더라도 가끔 보는 편이다. 천사 백만 관객을 동원한 ≪국제시장≫은 영화 스토리를 미리 알고 있었기에 보고 싶지 않은 영화였다. 뻔한 스토리라 보고 싶지 않은 것이 아니라 치열하게 살았던 내 부모님 이야기로 눈물 날 것이 뻔해 보고 싶지 않았지만, 영화 마니아인 집사람이 같이 보기 위해 남겨놓은 영화였기에 설 명절에 같이 보았다.

　1·4후퇴, 흥남부두에서 미군 배를 타면서 여동생, 아버지와 헤어진 장남 덕수(황정민 분)의 가족은 부산에 도착해 구제품 가게 '꽃분이네'를 운영하는 고모 집에 더부살이하며 어머니의 삯바느질로 연명한다. 청년이 된 덕수는 아버지 당부대로 가장이 되어 가족을 위해 헌신한다. 부두에서 날품을 팔던 덕수는 공부 잘하는 동생의 학비를 마련하기 위해 파독광부로 나섰고, 죽을 고비를 넘겨가며 집도 장만했다. "당신 인생인데 그 안에 왜 당신은 없냐고요?"라며 따지는 파독간호사 출신인 부인 영자의 불평에도 동생 결혼자금 마련과 혹시 아버님과 동생이 찾아올 것 같았던 고모가 운영하던 '꽃분이네'를 인수하기 위해 덕수

는 파월 외화벌이 근로자로 떠난다. 결국 덕수는 월남에서 폭발사고로 인해 장애를 얻고 귀국한다. 여동생을 잃어버린 것이 응어리가 된 덕수는 이산가족 찾기 방송에 출현하여 흥남부두에서 헤어져 해외로 입양된 여동생과 재회한다.

재개발을 위해 구제품 가게 '꽃분이네'를 비싼 값에 인수하려는 사람들과의 마찰을 이해하지 못하는 주변 사람들과 갈등도 있다. '꽃분이네'는 헤어진 아버지와 여동생이 생존해 있다면 찾아올 유일한 희망이었음을 다른 사람들은 알아채지 못한다.

≪국제시장≫은 픽션과 논픽션이 가미된 영화지만, 우리나라의 근현대사를 겪은 고달픈 아버지의 삶을 그린 영화이다.

흥남에서 피난을 내려오신 것은 아니지만 선친은 평양에서 월남하셨으니 나는 실향민 2세이다. 선친은 평양중학 시절 詩로 이름을 날렸고 평양고보에 입학하셨다. 박남수 시인의 1호 추천시인이셨지만 그때나 지금이나 詩로 생계를 유지한다는 것은 불가능에 가까웠고 빈손으로 내려왔으니 월남(越南) 후 미군부대 잡부(雜夫)도 하셨다. ≪국제시장≫의 덕수는 어머니와 같이 월남하였으나, 선친은 형제들끼리만 빈손으로 월남하여 고생깨나 하셨을 것이 뻔하다.

나는 부모님 영정사진도 없고 기일도 몰라 설과 추석명절에 지방(紙榜)만 모시고 차례를 지내는 실향민의 깊은 한숨을 듣고 자랐다. 이산가족 찾기 방송에 친척들이 나오지 않는다는 것을 뻔히 알면서도 화면이 뚫어져라 쳐다보는 슬픈 눈을, 이슬 맺힌 눈을 보고 자란 실향민 2세다. 선친은 행여 자식들이 볼까 조심하셨지만 이산가족의 가슴 아픈 사연이 방송되거나, 이산가족이 상봉할 때나 상봉이 불발될 때에도 눈물을 보이셨다.

영화 ≪국제시장≫은 눈물을 쥐어짜는 슬픈 영화는 아니지만 장면 장면이 눈물 나게 한다. 어린 나이에 가장이 되었으니 그들의 어깨를 짓누르는 삶의 무게가 너무나도 무거운 것에 눈물이 났고, 동생들을 위해 막노동을 하고 파독광부가 되고 파월근로자가 되어야 했던 우리 아버지들의 슬픈 이야기이니 눈물이 났다. 영화 속 장면에서 정주영, 김봉남(앙드레김), 남진, 나훈아가 깜짝 등장하는 것을 보고 젊은 세대들은 웃었지만, 가족을 위해 본인을 희생하는 주인공 덕수를 보고 눈물이 나지 않았다면 실향민 2세를 떠나 대한민국의 아버지 세대가 아닐 듯하다. 영화의 마지막 장면, 덕수의 독백이 더욱 눈물을 자아낸다.

"아버지, 내 약속 잘 지켰지예."

"이만하면 내 잘 살았지예."

"근데, 내 진짜 힘들었거든예."

아래 詩는 덕수처럼 힘들지만 열심히 살다 가신 선친(임진수 시인)의 두고 온 고향 이야기다.

故鄕 이야기

학교길에 만나던 그 여학생
그녀를 만나 얘기했지.
옛날이야기. 고향 이야기

松井학교 加德학교 碑石里
그리고 뭐더라
옳아 옳아
玉泉台 峰台山 朏發島
지금은
記憶 속에 가물거리는
이름이여 山河여 나의 사랑.

학교길에 만나던 그 여학생
그녀를 만나 얘기했지.
韓晶東 선생님 아시죠?
그럼요
요즘도 가끔 만나뵈요.

眞露 두꺼비
眞池洞에서 만들던 술.
그래서 마시는 건 아니지만
소주를 좋아한답니다.

그녀가 말하길
술 많이 드시면 해로우세요.
아, 여기가 어드메길래
세월은 가고
존댓말이 서글픈 고향 이야기.
(1973. 11. 28)

자카란다 꽃잎이 날리던 날

누이는 시인이자 언론인이셨던 아버님께 글쓰기를 배웠고 나는 누이의 글을 보고 글쓰기 연습을 한다. 미국에 사는 누이와 부모님은 같지만 성이 다르다. 나는 林이고 미국식으로 매형의 성을 갖게 된 누이는 李이다. 성이 다른 누이의 3번째 수필집 ≪자카란다 꽃잎이 날리던 날≫에 있는 한 꼭지만 소개한다.

詩詩한 나의 글쓰기

초등학교에 다닐 때 담임선생님은 늘 내게 시를 지어오라고 하셨다. 시에 맞는 그림을 그려 학급 게시판에 붙였는데 아마도 내 실력을 과대평가하셨지 싶다. 시인의 딸이니 시를 잘 짓겠지 하였겠지만 실은 모두 엄마가 대신 써준 것이었다. 엄마는 공부 이외의 것에 시간을 뺏기지 않도록 큰 배려를 한 것이었지만, 그건 딸을 위하는 것이 아니라 극성이었다. 지금 생각해 보면 시를 짓고 그림을 그리는 것도 외우기나 산수처럼 아주 중요한 공부인데 말이다.

흰 구름이니 그리움이니 하며 초등학생에겐 어울리지 않는 어휘로 지어진 시를 가져가면서 마치 내가 시인이 된 듯 멋있다고 착각했다. 그렇게 몇 차례 환경미화에 쓸 시를 지어가곤 했는데, 어느 날 담임선생님이 부르더니 이번엔 꼭 네가 지어서 가져오라고 하시는 게 아닌가. 선생님은 알고 계셨던 거다. 그동안의 시가 어른의 것인 줄.

집에 가서 엄마에게 말하니 그렇다면 아버지에게 배워서 내가 써가라고 하신다. 아버지는 늘 어렵기만 한 분이어서 아버지가 부르자 겁이 났다. 아버지 앞에 무릎을 꿇고 앉았다. 그동안 엄마가 써준 시를 가져간 것을 혼낼까 봐 전전긍긍하고 있었다. 공범인 엄마도 아버지에게서 한 소리 들은 기억이 난다. 그건 애를 돕는 게 아니라 망치는 일이라고.

아버지는 뜬금없이 내게 "오늘 날씨가 어떠냐?"고 물으셨다.

"비가 와요."

그러자 "비 오는 날 학교에 가서 뭘 봤냐?" 하신다. "애들이 장화를 신고 왔어요."

"장화가 모두 같더냐?" 또 물으신다.

"아니오. 색색이에요. 내건 하얀색, 어떤 아인 빨간색, 그냥 운동화 신은 아이도 있어요."

"그래, 뭘 생각했냐?" 머리를 이리저리 굴려도 생각이 나지 않았다. 한참 침묵하다 고민 고민 끝에 "신발은 모두 다른데 발자국은 색이 없어서 내 발자국 찾기가 힘들었어요." 했다.

"오~~옳지 되었다."

어렴풋이 시 쓰기가 쉽지 않은 것을 알았고 초등학교 꼬마에겐 시는 버거운 일이었다.

비 오는 날 운동장에
발자국이 찍혀 있네
하얀색 내 장화 빨간색 친구 장화

운동화 발자국도 찍혀 있네
비 오는 날 내 발자국 찾을 수 없네

생전 처음으로 시를 쓰고 어깨 너머의 실력으로 '네'로 끝나는 어미를 붙이고 "찾을 수 없네" 하고 아버지 앞에서 읊곤 나는 그만 앙앙 울고 말았다. 신촌의 창서초등학교 3학년 4반 교실에 오래도록 붙어 있던 나의 시이다.

이창동 감독의 ≪시≫라는 영화를 봤다. 김용택 시인이 시인 교실의 지도강사로 나오고 배우 윤정희가 시를 배우는 나이든 여자로 나온다. 삶은 고달프고 어지럽고 때론 잔인하기도 하다. 그럼에도 시인은 시를 쓴다. 주인공은 시를 절대자로, 피난처로 생각을 한다. 영화를 보는 내내 '시는 짧은 기도'라는 생각이 들었다. 내가 쓰는 수필도 나의 넋두리이자 신음이 아닐까. 신을 향한 절규라면 아주 뜨거워야 할 것이다. 간절해야 할 것이다.

밥 때도 모르고 날이 새는 줄도 모르고 미친 듯이〔狂〕매달리는 날. 미치는〔及〕것이 문학의 시원이며 끝일 것이다. 불광불급(不狂不及), 미쳐야 미친다는 것은 세상의 일반론이다. 하물며 문학에랴.

4시간 만에

친구들 집을 쥐가 풀방구리 드나들듯 했던 우리들을 어머님들께서는 오총사라 부르셨다. 고등학교 단짝인 다섯 친구들은 함께 어울려 다니는 것을 너무 좋아해 모두 대학졸업 후 군대에 갔으며, 약속이나 한 듯 장가도 늦게 들었다. 사실 늦장가 원인은 여자친구를 데리고 나오면 악동들이 온갖 트집을 잡아 헤어지게 만들었기 때문인데, 결혼하게 되면 친구들끼리의 오붓한 시간을 갖지 못할까 하는 질투였던 것 같다.

고리원자력발전소에 근무할 때니 30여 년 전이다. 해병대 장교로 전역한 친구 L이 포항에서 예비군 훈련을 끝내고 소주 한잔하자고 전화했다. 그날 나는 결혼을 생각하고 있는 여자친구와 선약이 있었다. L의 훼방이 우려되긴 했으나 L도 여자친구를 데리고 나올 예정이라 하여 한편으로 마음이 놓였다. 조금 늦게 나온 L의 여자친구는 어디서 본 듯했지만, 두 남자는 오랜만에 만난 터라 여자친구들은 안중에도 없었고 지난 이야기로 정신이 팔렸었다.

다섯 친구들은 거의 동시에 늦장가를 들었고 각자의 길을 가기 시작했다. 교수가 된 친구, 직장생활을 하는 친구, 모두 열심히 살고 있다. L은 처음에는 직장생활을 했으나 얼마 지나지 않아 사업을 시작했다. 젊은 나이에 대형승용차와 당시 차 한 대 값이라는 카폰을 사용했으니 친구 중 가장 성공했는데 경제적 풍족함에도 사업상 이어지는 술자리도 피할 수 없었고 행복해 보이지는 않았다. 그런데 L은 어느 날 낮잠을 자다가 예수님을 영접하고는 사업을 접겠다고 선언했다. 우리는 불교 집안에서 예수님을 믿겠다며 잘 나가는 사업을 접는 것은 성급한 일이라 말렸으나 이미 결심을 굳힌 상태였다. 같이 일하던 직원들에게는 퇴직금과 보너스로 본인들이 사용하던 업무용 차를 한 대씩 나눠주면서 쿨하게 사업을 접었다. L은 신학대학 졸업 후 캄보디아, 태국에 선교사로 다녀와서는 대형교회의 부목사가 되었다. 몇 년이 흐른 뒤 친구들과 만난 자리에서 L이 조심스럽게 말을 꺼냈다. "내가 교회를 개척하게 되면 너희들이 나와 줄 수 있겠니?" 친구 중에는 가톨릭 신자도 있었고 기독교신자도 있었지만 무교인 친구가 답을 했다. "네가 교회를 개업하여 영업(?)을 시작한다면 한 달에 한 번 정도는 당연히 나가야 되지 않겠냐?"

다섯 친구들은 매월 마지막 주일에는 약속을 비워놓고 곰팡내 나는 지하교회에 모여 예배드리고 점심을 같이 했다. 술 잘 먹고 바람도 잘 폈던 사고뭉치는 낮잠 자다가 인생이 180도 바뀐 것이다. L은 비록 신도 10명의 개척교회 목사님이지만 얼굴이 편안해 보이는 것을 보면 인생항로 수정에 성공한 것으로 보인다.

한 친구는 IMF 사태로 직장을 잃고 택시운전을 했다. 현금 만지는 일을 하다 보니 도박에 쉽게 빠졌고 신용불량자에 당뇨병까지 얻어 도피생활을 하느라 한동안 연락이 끊겼다. 우리들이 오랜 탐문 끝에 찾아낸 잠적했던 친구는 건강도 좋지 않고 초췌해진 모습이었다. 그가 우리를 만나 옅은 웃음을 짓는 것만도 반가웠고 친구도 행복해 보였다. 지금은 착실한 생활을 하고 있지만 짧은 기간 중에 실직, 신용불량자, 도피생활 등 인생의 질곡을 여러 번 겪은 셈이다.

다시 30여 년 전 L과 만났던 장면으로 되돌아간다. 1차에서 수다 떤 것이 부족해 2차를 가기로 하고는 시간이 늦어져 내 여자친구는 집으로 보냈다. "낯이 익은데 혹시 내가 본 적이 있니?" "내 사촌 동생이야. 10년 전쯤 종로에서 한 번 본 적이 있는 것 같은데."

그러고 보니 바로 그 애송이 여학생이었다. 대학 2학년인데도 정신 못 차리고 무교동과 종로 바닥을 누비고 다닐 때이다. L이 부산 모 대학에 입학한 사촌동생을 데리고 종로통을 나왔을 때 봤던 기억이 났다. 그때 나는 양아치처럼 다닐 때라 그녀에게는 관심이 없었으며, 여학생 또한 종로통 양아치와 대면하게 되었으니 서로 간에 호감이란 털끝만큼도 존재하지 않았다. 정식으로 소개받은 것도 아니니 부산에서 올라온 촌티 나는 여학생에게 서울 구경을 시켜준 이후 연락은 없었다.

그런데 짧은 시간 동안 참으로 이상한 일이 벌어졌다. 8년 만에 봤는데도 친근한 느낌이 들기 시작했고 시간이 흐를수록 내 여자친구보다는 L의 사촌동생과 결혼하는 것이 행복할 것 같다는 생각이 들었다. 머릿속이 엉킨 실타래로 가득한 느낌이었지만 술기운 때문은 아니었다. 결국 만나던 여자친구에게는 대단히 미안한 일이지만 그날 바로 결혼상대를 바꾸기로 결정했다. 만난 지 불과 4시간 만에.

천안이 고향인 L의 집에 자주 놀러갔다. L의 어머님께서는 촉이 발달하셨는지 내가 질녀와 결혼하면 잘살 것 같다는 말씀을 하셨는데 친구의 할머니께서는 질색을 하셨다는 후문(後聞)이다. 찢어진 청바지에 장발을 하고 다니는 불량끼 많은 놈은 안 된다며, 내 눈에 흙이 들어오기 전에는 절대 안 된다며 반대하셨단다. 하지만 둘은 할머님께서 돌아가신 후 결혼했으니 할머님 말씀을 거역한 것은 아니었다.

부부가 연을 맺는 것은 칠천 겁의 인연이며, 결혼은 인륜지대사라고 하는데 너무 쉽고 성급하게 결혼상대자를 정했다고 말씀하시는 분들에게 인도 철학자 오쇼 라즈니쉬의 말을 들려주고 싶다.

> 배우자를 선택하는 것은 그대 자신의 직감이다. 수많은 사람을 만났지만 다른 사람에게서 한 번도 느껴보지 못한 느낌을 받게 된다. 그 느낌이 너무나 확실하고 절대적이라 의심의 여지조차 없다.

물론 오쇼 라즈니쉬의 말과 같이 순간적인 직감으로 배우자를 선택했지만 항상 직감이 맞는 것은 아니라는 것을 깨닫는 데는 30년이란 세월이 흘렀다. 하지만 짧았던 4시간은 평탄한 삶을 살아온 내 인생의 최대 전환점이었음은 분명하다. 다섯 친구들이 언제나 그랬듯 L은 사귀고 있던 여자와 헤어지게 만든 악동 노릇을 했고, 평생의 반려자를 짧은 시간에 만나게 해줬다.

畵家를 시킬 것을

동생의 그림 솜씨는 어렸을 때부터 특출하였다. 초등학교 입학 전부터 종이에 여백이 있으면 만화를 그렸는데 어쩌면 글 배우는 것보다 그림을 먼저 그렸던 것 같다. 정식으로 미술교육을 받지는 않았으나 교내·외 사생대회가 개최되면 상을 받아왔다. 고등학생시절, 집안의 반대를 무릅쓰고 미대에 들어갔고 대학원에 진학해서 국전과 구상전에서도 이름을 날리는 촉망받는 화가였으나 꿈을 접고 말았다. 배를 곯는 시대의 예술가이자 언론인이셨던 선친의 반대도 있었지만 결혼도 앞두고 있었고 시간이 흐를수록 호당 몇 백만 원을 받는 작가로 성장하기 위해서는 지난한 과정을 거쳐야 하는 현실의 벽을 실감했을 것이다.

대학 졸업할 때까지의 학비만 대주고 이후는 본인들이 알아서 해야 하는 집안 전통에 따라 자력으로 대학원을 다녀야 했고 장가를 가야 했기에, 이후 동생은 화가의 꿈을 접고 방송국에 입사하여 미술감독으로 이름을 높였다. KBS에 입사 후 경직된 공기업 분위기가 싫다며 SBS로 옮겨 〈일지매〉 등 여러 프로그램의 미술감독을 했으니 좋아하는 미술을 하며 월급 받는 행복한 직장인이 되었다.

약 10년 전 〈사오정과 별세계〉라는 제목의 글을 썼었다. 소음성 난청을 예방하기 위한 글이었는데 작은놈 이야기가 나온다.

소음성 난청으로 인한 청각장애와 말귀를 알아듣지 못하는 속칭 사오정 증세는 예방방법에 있어 약간의 차이를 보입니다. 별명이 사오정인 저희 집 작은놈같이 別世界(별세계)를 별 세 개(Three Star)로 알아들으시는 분들께는 예방대책으로 귀마개보다는 마음의 양식을 넓힐 수 있는 책을 권해 드립니다. 즐겨 보는 TV 채널인 내셔널지오그래픽을 보다가 신기한 것이 나오면 "거 참 신기하다. 別世界 같네." 하고 혼잣말을 하면 "아빠, 별이 없는데, 왜 Three Star라고 그래…." "얘야, 오늘은 공부하지 말고 책을 보렴…."

작은놈 별명이 '사오정'이라고 공개된 이후 작은놈에게 한동안 뜸겼는데 이후 작은놈은 대학에 입학하여 某기업체에서 주관하는 공모전에 합격하여 미국연수도 다녀오고 3학년 때는 교환학생으로 네덜란드에 가서 공부했으니 완전한 '사오정'은 아닌 듯하다.

한국전쟁 때 피란 내려오신 선친은 北에서부터 詩를 쓰셨지만 남으로 내려와서는 미군부대에서 잠깐 동안 그림도 그리셨단다. 그림 그리는 소질이 피를 타고 흘렀는지 남동생에 이어 우리 집 막내도 그리는 것에 열중하고 있다. 다만 캔버스에 그리는 것이 아니라 얼굴에 그림 그리는 것만 다르다. 잠에서 깬 후 샤워하고 화장하고 코디 등 외출준비를 마치려면 보통 두 시간이 소요되는데, 휴일 거실에 앉아 막내의 준비과정을 보면 기가 질릴 지경이다.

고등학생 시절에도 그랬고 지금도 마찬가지다. 고등학생 시절 막내의 선생님은 큰아이도 가르치신 분이다. "너희 언니는 공부하느라 시간이 아까워 머리도 감지 않고 등교했는데 (우등생이었던 언니는 머리는 감고 다녔다며 아직도 선생님 말을 부정한다.) 너는 수험생인데 매일 화장을 하고 오냐?" 고등학생 때는 색조화장을 하지 않아 시간이 적게 걸렸지만 대학생인 요즈음에는 색조화장을 하니 시간이 많이 걸린다. 가부키에 등장하는 일본 배우 수준은 아니나 막내의 그림 실력은 언니와 엄마 실력을 뛰어넘는 프로급 실력인 것은 확실하다.

막내보고 농을 던진다. "너는 인생 절반을 그리는 데 사용하는 것 같다. 그리는 데 2시간, 외출 후 집에 와서 화장 지우는 데 1시간이니 하루에 3시간을 그리는 일에 투자한다. 경영대가 아닌 미대가 적성에 맞을 텐데 학과 선택이 잘못된 것 같다." 어렸을 적부터 해외 패션 TV를 즐겨 본 막내는 얼굴 그리기와 패션코디에 관해서는 일정 수준에 올라있다. 직장인인 언니와 애엄마도 외출 전에는 막내의 자문을 구한다.

용산에 있는 S여대에 입학하자마자 학교생활이 재미없다며 자퇴하려 할 때 애엄마가 막내를 설득한 사유도 옷 입기, 그리기와 관련되어 있었다. 자퇴하겠다는 막내를 앉혀놓고 설득하는 논리가 패션과 그림 그리기였다. "네가 좋아하는 이태원과 명동이 가까이 있는데 왜 학교를 그만두려 하니? 다른 학교에서는 이태원과 명동 가는 것이 불편하니 그냥 다녀라. 누가 너보고 공부만 하라고 했냐? 1년 다녀보고 결정해라." 자퇴하려 했던 막내는 낙제를 선택해서 반수만 했다.

막내가 교환학생으로 네덜란드에서 귀국할 즈음 쓸데없는 걱정을 했다. 네덜란드 식 그리기를 배워와 귀국하는 날 공항에서 막내를 찾지 못할 것 같은 예감이 들어서이다. 이산가족 상봉하듯 피켓이라도 들고 나가야 할까 보다.

나는 '올드'한 것이 좋다

나주에 내려오니 모든 것이 새것이라 생경하게 느껴지고 몸에 맞지 않는 옷을 입은 것처럼 거북한 것은 개인적인 습성과 성격하고도 관련 있는 듯하다. 사택은 벽과 가구들이 모두 흰색으로 도배되어 있어 내 집인데도 가구에 때가 묻을까 조심스럽다. 내가 주인인데도 집과 가구가 주인인 듯한 느낌이다. 사무실은 흰색 벽에 책상과 책장, 회의 테이블 모두 브라운 톤으로 세팅되어 있다. 실적이 저조한 부서에는 어울리지 않게 사무실이 호사스러운 느낌도 들고 이것도 주객이 전도된 듯한 생각이 드는 것은 새것이라 더욱 그런지 모르겠다.

이사할 때 묵은 짐을 정리한다고 그간 책장을 차지하고 있던 책들을 꽤 많이 버려 사무실은 휑한 느낌이고, 숙소인 오피스텔은 냄비 몇 개 달랑 있으니 을씨년스럽기까지 하다. 책과 살림살이가 채워지고 익숙해지려면 시간이 다소 걸릴 것 같다.

사실 나는 새로운 제품이 출시될 때 남들보다 먼저 구매하여 사용하는 Early Adapter가 아니라 남들이 써보고 대중화가 된 후에 구입을 하는 Later 또는 Old Adapter이다. 새 제품들의 불편함이 개선된 후 사용하겠다는 실용적인 관점이 아니라 이상하게도 예전부터 익숙하고 '올드'한 것이 편하고 좋았다.

지금은 없어졌지만 서울 무교동, 가수 김정호 씨가 운영하던 '꽃잎'이라는 라이브 통기타 경양식 레스토랑에 재수생시절부터 드나들었다. 구석 자리는 내 지정석이어서 내가 들어가면 웨이터가 앉아있던 손님에게 양해를 구하고 나를 그 자리로 안내했다. 그 당시 무명 개그맨 임하룡, 김학래 씨가 Live Show 사회를 봤고 전유성 씨는 연예부장이었을 때니 무척 오래전이라 가능한 일이었다. 같은 음식점, 같은 자리를 좋아하는 탓에 무교동 낙지볶음집도 낙원낙지집만 다녔고, 피맛골 감자탕집도 수년간 다녔다. 같은 집만 고집한 탓에 다양한 음식을 맛보지 못했지만 주인아줌마가 단골손님 왔다고 덤으로 주는 돼지꼬랑지도 별미였고 휴대전화가 없던 시절이니 친구 놈들이 나를 찾으러 올 때는 세 군데 술집만 들르면 되니 편한 점도 있었다.

집사람과 장을 보러 가서 사는 과자도 ○○깡, 맛○○으로 달달한 것에 익숙한 아이들에게 입맛에 맞고 맛있는 것을 사오라는 경고를 받는다. 아직도 내 입맛에는 50년 전에 맛보았던 영양갱, 40년 전에 먹었던 ○○깡, 맛○○이 최고이고 빵은 아무것도 넣지 않는 식빵이 맛있고 시골길에서 파는 옥수수빵의 담백함이 좋으니 이상한 일이다.

남자들의 로망이라는 자동차도 '올드'하게 생긴 크라이슬러의 PT크루저를 구입하려 했다. 연비도 좋지 않고 잔고장이 많은 차로 평가되지만 순전히 디자인에 '팔'이 꽂힌 탓이다. 로버트 드니로 주연 ≪Once Upon A Time In America≫에 나오는 1930~40년대 풍 디자인이라 마음에 들었는데 집사람 반대에 부딪쳤다. 그런 망측하게 생긴 차를 타고 다니면 주위에서 욕한다면서 너무 올드 또는 너무 앞서가는 디자인의 차를 타고 다니면 당신에게 어울리지 않는다나 뭐라나.

여자들이 피부에 맞는 화장품을 쓰고 커피도 입맛에 맞는 것을 골라 먹듯 자동차는 남자들의 기호품이라는 것을 집사람은 이해하지 못한다. 결국 PT크루저는 단종되어 사지 못했으나 복고풍 스타일의 차가 출시된다면 집사람 몰래 사려 한다.

회사업무를 할 때는 새롭고 남들이 해보지 않은 영역을 하는 편이지만 먹고 입고 즐기는 것은 '올드'한 것이 좋다. 정신과 감정을 받을 정도로 옛것에 집착하는 것을 보고 유행에 뒤쳐졌다 할지 몰라도 나는 오래되고 느리고 익숙한 것이 좋다.

회사에 입사한 지도 어느덧 30년이 지났다. 젊었을 때는 몇 번의 스카우트 제의를 받았지만 술집, 과자도 바꾸지 않는 성격 탓인지 깊은 고민을 하지 않고 "No."라고 대답했다. 색상은 퇴색되었는지 몰라도 몸에 잘 맞는 옷처럼 편하고 새벽같이 출근하고픈 회사가 대한민국 어디에 존재할까 싶다. 나는 여전히 '올드'한 우리 회사를 사랑하고 좋아하고 쫓겨나지 않는 한 일찍 출근해서 사무실에 불을 켜고 직원들을 맞이하려 한다.

집사람도 '올드'한 내 습성에 대해 못마땅해하지만 나주에서 기러기 아빠로 생활하는 것에 대해 안심하는 사항이 하나 있다. 익숙한 것을 좋아하고 새것에 낯을 가리는 내가 절대로 바람피우지 않을 사람이라고…. 새 여자에게도 낯을 가리는 것은 마찬가지니 바람을 안 피우는 것이 아니라 못 피우는 사람이라고. 맞다. '올드'를 고집하는 怪癖이 있지만 이 정도면 집사람도 결혼을 잘한 거다. 바람도 못 피우고 집사람이 '올드'해질수록 더 좋아질 테니까.

콜라보다 못한 아빠의 인생

'개 같은 내 인생'이나 '개만도 못한 내 인생'으로 제목을 붙이려 했으나 내 자신이 너무 초라해지는 것 같아 제목을 강아지 이름으로 바꿨다. 까만 푸들을 입양한 지 2년이 조금 넘었는데 엉덩이와 머리가 구분되지 않을 정도로 검다고 막내가 강아지 이름을 '콜라'로 지었다. 처음에는 젖먹이 강아지라 잘 따르고 귀여웠으나 이제는 컸다고 자기영역을 만들어 기분 나쁘면 으르렁대기까지 한다. 푸들은 아이큐가 높아 사람처럼 행동한다는 말은 들었지만 커가는 과정을 보니 아이들과 비슷한 것 같다. 아이들도 성인이 되면 자기영역을 구축하고 주관이 뚜렷해지면서 부모의 보호틀 내에서 벗어나려 함과 동시에 어렸을 때같이 고분고분하지 않게 된다.

게다가 처음 만났을 때 "오빠!" 하던 집사람과는 동등관계 내지 열등관계로 돌아선 지 오래전이다. 우리 집뿐 아니라 우리나라에서도 가장의 권위가 무너진 지는 오래되었는데 초기 농경시대의 모계사회에서 부계사회를 거쳐 여권신장에 의해 다시 모계사회로 회귀하는 것은 비단 우리나라만의 현상은 아닌 것 같다.

2004년 영국문화원에서 비영어권 102개국 4만 명을 대상으로 세상에서 가장 아름답다고 생각하는 영어단어를 조사한 결과 1등은 두 말할 필요도 없이 어머니(Mother)이며, 2위는 열정(Passion), 3위는 미소(Smile), 호박이 40위, 우산이 49위, 캥거루가 50위인데 아버지는 70위에도 들지 못했다. 한때는 말이 없는 태산 같았는데 나이가 들수록 작은 둔덕 같기도 하고 흔들림이 없는 아름드리나무 같았는데 알고 보니 연약한 갈대더라. 가족을 위해 희생하고 가장이라는 무거운 짐을 지고 휘청거리는 아버지…. 어머니는 이길 수 없을지 몰라도 적어도 우산이나 호박이나 캥거루 따위는 이길 수 있는 아버지였으면 좋겠다.
  – 고도원의 〈사랑합니다. 감사합니다〉 중에서

  한때는 우리 집 서열 1위는 가장이자 아버지인 내 차지였는데 아이 엄마가 아줌마로 변모하면서 2위로 밀리고, 아이들이 장성해서 주관도 생기고 발언권이 생기면서 3위, 4위가 되었고 콜라를 입양한 후에는 귀여움에 밀려 서열 5위로 밀렸다. 서열 5위란 마지막 서열로 더 이상 추락할 자리도 없는 자리인데, 막내가 하얀 푸들을 입양해서 '사이다'로 이름을 짓자는 의견에 적극 반대하는 이유도 서열 6위로 밀려날까 하는 우려 때문이다. 어쨌든 귀여움을 독차지하는 콜라는 부동의 서열 1위가 되었다.

  설 연휴 중 서열 1위가 감기에 걸려 그르렁거리며 가래 끓는 소리를 내면서 기침하는 것을 보고 아이와 아이 엄마가 말씨름을 한다.

서열 4위: 콜라가 감기에 걸렸는데 왜 병원에 데리고 가지 않아요?

서열 2위: 병원에 전화하니 심하지 않으면 월요일에 오라 하는데….
서열 4위: 서현역 근처에 가면 24시간 동물병원이 있다는데요.
서열 2위: 그 사람들은 설 명절 안 쉬나?
서역 4위: …….(입 삐죽삐죽)

얘야, 서열 5위는 급성 바이러스성 난청에 걸렸단다. 서열 5위에게도 관심을 써줘라.

서열 1위가 오면서 강아지가 트림을 하고 방귀도 뀌는 것을 처음 알게 되었다. 서열 2, 3, 4위는 서열 5위가 방귀를 뀌면 질색해도 서열 1위가 트림하는 것을 예뻐하고 방귀 냄새가 나면 인상 쓰면서 서열 5위를 쳐다보다가 서열 1위에게서 냄새나는 것이 판명되면 방귀도 뀔 줄 아냐고 예뻐한다.

서열 1위는 식탐이 강해 앉아있으면 뱃살이 접힌다. 보신탕은 먹지 않아도 삼겹살 생각이 날 정도다. 하지만 집 식구들은 보들보들한 강아지의 뱃살은 예뻐하면서 아빠는 살 빼야 하니 산책시키고 오라며 등을 떠민다. 이것은 서열 5위를 위해서가 아니라 순전히 서열 1위의 건강을 위해서이다.

서열 1위가 입양되었을 때 수의사를 하는 조카의 동물병원에 데려갔는데 조카 녀석이 작심한 듯 묻는다.

"삼촌! 강아지 키우려면 돈 많이 들어가요. 누가 키우자고 했어요?"
"아이들이!"

조카는 심각한 표정으로 다시 말한다.

"삼촌! 정들면 떼기 힘들어요. 판단 잘하셔야 돼요. 집안에서 키우는 강아지는 의료보험 안 되지요, 미용해야지요, 좋은 음식 먹여야지요."

실제 키워보니 예전 마당에 풀어놓고 기르던 강아지와는 차원이 다르다. 강아지 집이 세 채나 되고 강아지 샴푸, 강아지 통조림, 강아지 옷(털 난 짐승인데 옷이 왜 필요할까.), 서열 1위가 입는 옷의 상표가 노스페이스다. 물론 짝퉁이지만 이것이 소위 '등골 브레이커'가 아닌가. 집사람은 장조림이나 국을 만들 때 양념하기 전에 서열 1위 몫을 떼어 놓는데, 이제는 고기 냄새가 나면 자기 몫이 있는 양 당연하게 달라고 칭얼댄다. 잠을 잘 때도 집사람과 내 사이에 들어와 자는 것이 당연시되었다.

얼마 전 서열 2위와 4위가 해외여행을 가기로 했다.

서열 5위: 그럼, 콜라는 애견호텔에 맡기고 가면 되겠네.
서열 4위: 아빠는…. 아빠가 칼퇴근해서 봐줘야지. 얘가 하루 종일 호텔에 갇혀 지내면 우울증 걸리니 안 되지.
서열 2위: 당연하지. 호텔에 맡기면 해외여행 가지 말라는 소리지.

결국 서열 2위 집사람과 서열 4위 막내는 서열 1위를 서열 5위에게 맡기고 해외여행 갔고, 취직한 서열 3위 큰아이는 출근하면서 당부한다. "아빠! 칼퇴근해서 콜라하고 놀아줘. 우울증 걸리면 안 되니까."

서열 2, 4위가 해외여행 가고 서열 3위는 직장일로 늦은 날, 서열 1위에게 진지 갖다 바치느라 칼퇴근한 서열 5위는 진지 드신 서열 1위의 배를 긁어준다. 서열 1위는 기분이 좋은 듯 길게 누워 눈을 게슴츠레 뜨고 나를 쳐다보고 있다.

최근, 좋아하는 색상인 청색 남방을 4벌이나 구입하고 나서 여자들이 스트레스 풀기 위해 쇼핑한다는 말이 이해되기 시작했다. '아, 콜라보다 못한 아빠의 인생!'

좋은 아버지

고교평준화 정책 시행으로 둔재(鈍才)가 당대 최고명문(名門)이고 천재들만 들어간다는 경기고등학교에 입학했다. 그러나 명문고에 입학했다는 행복감은 그리 길지 않았다. 입학과 동시에 시험이 치러졌고 선생님들은 시험결과에 기함(氣陷)하셨다.

"너희 선배들은 어떻게 하면 문제를 풀지 못할 것인가 고민하며 시험문제를 출제해도 100점짜리가 수두룩했는데, 너희들은 어떻게 하면 풀 것인가를 고민하며 출제했는데도 0점이 수두룩하니, 공부로 밥 벌어먹기는 힘들 것 같다."며 실망을 넘어 좌절하시는 눈치셨다. 좌절은 선생님뿐 아니라 학생들도 마찬가지였으며 실제로 수학이나 영어는 말할 것도 없이 국어까지 0점 받는 아이들이 있었으니, 우리들은 주눅들 수밖에 없었고 선배들이 한없이 위대해 보였다.

학생들의 실력이 부족했으나 능력 있는 선생님으로부터 질 좋은 교육을 받을 수 있었다. 선생님들은 경기고, 서울대 출신 선배들이며 인품도 훌륭하신 분들이라 인성교육의 질도 매우 높았다. 몇 년 후 우리들의 능력에 좌절하신 선생님들은 대학의 강단으로 또는 학원으로 옮겨 억대 연봉의 유명강사로 활약하셨다. 校訓인 자유인, 문화인, 평화인에 걸맞게 선생님들이나 교풍은 자유로웠고 문화와 평화를 사랑할 수 있도록 교육받았다. 학교에서 꼴등해도 요즘 말하는 SKY(서울대, 고려대, 연세대)에 갈 수 있는 천재들을 교육하니, 강제로 공부시키는 것보다는 자유와 문화와 평화의 가치를 가르치는 것이 校風이자 學校 文化로 자리 잡은 것 같았다.

장래희망에 대해 물어본 선생님이 계셨다. 군인, 회사원, 의사, 판사 등 개인의 희망을 들은 후 선생님은 직업이 무엇보다 좋은 아버지가 되어야 한다는 가르침을 주셨다. 직업이 군인이든 의사든 결혼해서 아이를 올곧게 키우는 좋은 아버지가 되어야 한다는 선생님 말씀은 피부에 와 닿지도 않았고 누구나 이룰 수 있는 소박한 목표 정도로 여겨져 곧 기억에서 사라졌으나, 세월이 흘러 아이들이 커가니 선생님 말씀이 자꾸 기억난다.

길거리 청소를 해도 좋은 아버지가 되는 것이 최고로 성공한 사람이며 성공하는 삶이다. 좋은 아버지는 직장에서도 열심히 일할 것이고 도덕적으로도 바르게 행동하니 아이들은 빗나가지 않고 똑바로 자랄 것이다. 여러분들의 행복과 성공은 여기에 달려있다.

아버님께서는 예고 없이 한마디 말씀도 없이 하늘나라에 가셨다. 교회 가신다고 면도에 세면까지 마치시고 잠시 어지럽다고 침대에 누우셨는데 바로 하나님 곁으로 떠나셨다. 임종(臨終)을 지키지 못하고 병원에 도착하니 벌써 안치실에 계신 아버지, 어쩌면 돌아가시는 것까지 성격대로 가셨을까. 냉장실에 누워 계신 아버지는 깊은 잠을 주무시고 계신 듯했다. 아직 온기가 남아있는 얼굴은 말끔하게 면도와 세면을 하셔서 먼 길을 떠나시려고 준비를 하신 형세이신데, 차 타고 바람 타고 구름 타고 그렇게 그렇게 멀리 가셨다.

아버지를 떠올리면 냉철하고 꼼꼼한 성격의 글쟁이…. 돌아가신 지 10년이 넘었지만 항상 그리운 아버지로 기억에 남는다. 새벽같이 일어나셔서 원고지의 빈칸을 지렁이 기어가듯 꼬불꼬불한 글씨로 메워 가시던 아버지, 주변은 물론 자식들에게까지 불편을 주지 않으려 하시고 한 치의 빈틈도 없으셨던 꼼꼼한 성격의 아버지. 하늘나라 가시는 그날까지도 자식들에게 짐 되지 않으시려고 하셨던 것 같아 좋은 아버님을 생각하면 눈물이 난다.

어려울 것 같지 않고 너무나 소박했던 '좋은 아버지'라는 목표는 아이가 커갈수록, 시간이 지나갈수록 어렵게만 느껴진다. 자식들에게 많은 재산을 남겨주는 것은 불가능한 샐러리맨의 변명 같지만, 3대 가는 부자 없다는 이야기가 있듯 많은 재산을 남겨주는 부모는 좋은 부모가 되지 못할 듯하다. 아이들을 공부시켜 물고기 잡는 법을 가르쳐 주는 부모가 현명하다는 것은 ≪탈무드(Talmud)≫에도 나와 있다.

풍족하지 않지만 주위의 貧寒한 이웃들을 도울 수 있을 정도로 마음만은 항상 부자이며 노력하며 땀 흘려 얻은 결실의 소중함을 깨우쳐 성경 말씀과 같이 뿌린 대로 거둘 줄 아는 정직함을 알며 사랑으로 아이들을 키우며 홀로 계신 어머님을 공경하는 모습을 보여준다면 소박한 꿈이 이루어지지 않을까. 새해에는 고교 은사님의 가르침 덕에 좋은 아버지가 되는 꿈을 꾸어본다.

화분을 만들면서

　전남 나주에서 기러기 생활을 하고 있을 때는 격주로 집에 올라갔다. 집 근처 인천으로 전근 왔지만 살인적인 교통체증으로 분당에서 출퇴근하는 것을 포기하고 주말마다 집에 가니 기러기 생활을 청산한 것은 아니다.
　집에 가면 정신적으로 안정되지만 시간적으로 쫓기는 경우가 많다. 친지 결혼식에도 참석해야 하는 경우도 있고 혼자 계시는 노모께 문안 인사도 가야 하며, 집에 남자가 없으니 고장난 형광등 고치는 일은 내 몫이며 김칫거리같이 무거운 물건을 사야 할 때 집사람은 내가 오길 기다린다. 주말 연휴 2일 동안 나름 바쁘게 움직여야 마음이 편안하다.
　봄이 왔다. 집사람과 시장 보고 오는 길에 모처럼 양재동 꽃시장에 들렀다. 카네이션과 작은 튤립 모양의 시클라멘이라는 꽃모종을 구입하여 집에 있던 예쁜 화분에 심었다. 다음 날 카네이션 화분과 어른들이 제일 좋아하신다는 현금봉투를 어머님께 드렸더니 흡족해하신다. 물론, 카네이션 화분이 현금 때문에 더욱 예뻐 보였을 것이 당연하다.

어머님을 뵙고 돌아오는 길, 집에 봄기운이 부족한 듯하여 조금 규모가 큰 내곡동 꽃 도매시장을 둘러보니 비닐하우스 안의 꽃들이 어쩜 그리도 예쁜지 꽃구경에 혼이 나갈 정도다. 사고 싶은 꽃들이 너무 많았지만 욕심내지 않기로 했다. 하지만 집에 와서 세어보니 시클라멘 등 꽃모종이 12포기, 아이비 2포기, 상추와 머스터드가 10포기나 된다. 작년에 심었던 꽃들이 대부분 죽어 썰렁했던 베란다에 화사한 꽃들을 옮겨 심었더니 봄이 가득하다. 허리는 뻐근했지만 눈이 시원하고 마음이 즐겁다. 내친김에 창문의 묵은 때를 벗겨내니 식물원이 따로 없는 듯하다. 유독 그날 낮잠이 달콤하게 느껴졌던 것은 오래된 숙제를 말끔하게 해치운 덕분일 것이다.

거실에 앉아서 쉬는데 집사람이 과일을 깎으며 한마디 한다. "당신이 꽃 화분 만드는 것을 보니 피는 속이지 못하는 것 같네요. 아버님과 어머님께서 꽃을 좋아하셔서 항상 화분이 넘쳐났는데 당신도 꽃 욕심이 많은 것을 보니 부모님과 똑같은 것 같네요." 집사람이 시집을 오니 마당에 꽃이 그득한데도 손님 오시는 날에는 어머님이 꽃시장에서 꽃을 사오셨단다.

기억을 더듬어 보니 집사람 말이 맞았다. 집사람이 시집올 때는 단독주택에 살았기에 사과, 복숭아, 포도, 은행나무 같은 유실수와 국화, 수국, 철쭉 등 꽃나무가 그득했고 등나무가 지붕이 보이지 않을 정도로 집 전체를 뒤덮고 있었다. 꽃나무가 많았음에도 불구하고 친척이나 손님이 오신다 하면 어머니께서는 꽃을 사와 화병에 꽂고 손님을 맞이하셨다. 정원 가꾸기는 아버님의 몫이었다. 가을이면 볏짚으로 옷을 입혀주고 봄에는 묵은 가지를 쳐내는 솜씨가 프로에 가까웠다. 음식물 쓰레기로 거름을 만드시고 죽어가는 화초들은 분갈이해 주면 신기하게도 말라 죽을 것 같던 화초들이 생기를 되찾았다.

아파트로 이사 가셔서도 넓은 베란다에 발 디딜 틈 없이 화분이 그득했고, 어머님은 정성스레 화초 잎의 먼지를 닦아 나무가 숨 쉬게 해주셨다. 꽃나무를 좋아하셨던 아버님은 은퇴 후 아파트 화단을 당신 집 마당처럼 정성스레 가꾸셨다.

해외출장 가서 코디네이터가 집으로 초대하면 무엇을 선물하면 좋을지가 커다란 골칫거리였다. 그들의 생활문화를 모르니 아이들에게 용돈 주는 것도 실례가 될 수 있으니 망설여졌다. 그렇다고 당신이 좋아하는 선물이 무엇이냐고 물어보기도 곤란하여 며칠간 전전긍긍했다. 하지만 꽃을 좋아하지 않는 민족이 있으려고…. 아이들 있는 집은 초콜릿과 화분을, 부활절 즈음에서는 커다란 칠면조 한 마리와 화려한 색상의 꽃 화분을 사서 선물로 들고 갔다. 피를 속이지 못하는 것인지 아니면 자라온 환경을 무시 못 하는 것인지 모르겠지만 지금 생각해 봐도 탁월한 선택이었던 것 같다.

아버님께서 돌아가시자 어머님은 좋아하시던 꽃도 보기 싫다며 화분을 모두 치웠고 근 10년 이상 화분 없이 사셨다. 이번에 만들어 드린 작은 카네이션 화분이 어머니의 모습같이 외롭게 있는데 다음에 어머님 뵈러 갈 때는 화분을 한 개 더 만들어 드려야 할 것 같다. 오늘, 화분을 만들며 화단 정리와 꽃나무 가꾸기 달인이셨던 아버님이 더욱 생각났다. 봄 치고는 쌀쌀했던 초봄에 운명하신 아버님. 봉분을 다듬고 추도식을 마치려 할 때 무덤가에 하얀 나비 한 마리가 날아올랐다. 같이 예배를 보셨던 친척 분들이 꽃을 좋아하셨던 아버님께서 나비로 환생하신 것 같다며 신기해하셨다.

두 딸들아, 그리고 청년들아, 느려도 괜찮아

나는 항시 느렸다. 걸음마도 느렸고 어렸을 적 형제들보다 한글도 늦게 깨우쳤다. 대입 재수를 했으니 고교동창보다 1년 늦은 삶을 살았고, 입사해서 다른 공부하느라 차장 진급시험을 보지 않아 차장진급도 1년 늦었고, 부장으로 진급했다가 다시 차장으로 강등되는 초유의 사태로 인해 동기들보다 부장진급이 3년 정도 늦었으니 고교동창들보다 최대 5년이나 늦은 삶을 살았다. 하지만 이후 실장에서 처장으로의 진급은 누구보다 빨랐다. 늦은 인생을 살았던 것 같지만 시간이 흘러 직장생활의 종착점에 다가와 보니 결코 느리지 않았다. 부장에서 차장으로의 강등은 내 잘못이 아닌 정치권 낙하산 CEO의 인사전횡으로 벌어진 사 창립 이후 초유의 강등사태로, 일이 벌어졌을 때 동료들은 애잔한 눈길로 나를 바라봤다. 하지만 좌절? 느린 만큼 좌절도 느리게 느꼈어야 하는데 솔직히 일하느라 좌절을 느낄 새도 없었다. 혈기왕성하고 자신만만했던 30대 후반이 좌절을 느낀다면 인생을 다 산 것이니, 좌절은 없었고 기분 나빠 타 회사로 전직을 생각했을 뿐이다.

12·12사태 이후, 휴교령으로 인해 친구들과 어울려 종로통을 휩쓸

고 다니느라 군대도 늦게 갔고 결혼도 늦게 했다. 하지만 느리다고 한가하고 나태하게 시간을 보낸 것은 아니었다. 휴교령이 내려졌을 때는 술 먹느라 바빴고 취업 준비할 즈음에는 공부하느라, 취업 후에는 일하느라 바빴다.

인생 공부는 학교보다 오히려 술집에서 배울 것이 많더라. 그 당시에는 젊은 시절 술집에 가서 시 한 수 읊으면 돈이 없어도 술 먹을 수 있었고 그것이 당연한 줄 알았다. 요즈음 혼자 소주 한 잔 놓고 고뇌하는 젊은이가 있다면 술 한 잔 사줄 수 있는 여유도 아마 느릿한 삶을 살았기에 가능한 일인 듯하다.

느렸지만 어쩌면 치열했는지 모른다. 느리게 사는 것이 몸에 배었는지 40이 되어서야 행복하게 사는 방법에 대해 고민하고 공부를 시작했다. 내가 하고 싶은 일이 무엇일까. 무엇을 해야 행복할까. 책 읽고 글 쓰고 낚시하는 것이 내 행복이 아닐까. 50즈음에서야 방황을 끝냈으니 나의 사춘기는 40대였는지 모른다. 10년간 공부하고 글 쓰는 연습 후 등단하려는 계획을 세웠다. 매우 늦은 55세에 등단을 했지만 등단하는 분들의 상당수가 나보다 연세가 많은 것을 알았으니 늦은 것은 아니었다. 등단 후에도 빨리 가려 생각하지 않았다. 기성작가들이 20~30년간 쌓아온 필력을 하루아침에 따라잡겠다는 생각은 무모하기 때문이다. 빠르게 필력을 쌓기 위해 생업을 접고 전업 작가로 나설 생각도 하지 않았다. 행복을 담보해 주는 기본조건인 의식주를 해결해 주는 생업이기에 생업을 포기하면서까지 대책 없이 행복을 찾아 떠나는 길은 무모하다는 것을 알고 있었다.

막내가 대학원을 졸업하게 될 즈음에도 취업이 늦는다고 닦달하지 않겠다. 하지만 늦음을 보완해서 세상 살아가는 이치는 깨달았으면 한다. 나는 매사 늦었지만 이를 보완해 준 것은 끈기와 쉼 없는 도전이었다. 10년간 배우기로 해서 10년을 공부했더니 내가 부족하다는 것을 알았다. 너무 부족하여 다시 10년간 배우기로 했다. 회사 내에서도 바르지 않은 일에 대해서는 끈기 있게 거부하니 위에서 볼 때는 고집불통이었지만 따르는 후배들 입장에서 보면 든든한 바람막이였다.

두 딸들아, 그리고 새 출발하려는 젊은이들아. 삶이 느리고 동료보다 늦는다 해도 괜찮다. 취업도 결혼까지도 늦는다고 걱정할 필요 없다. 순간의 시간을 적분하면 인생이며 인생을 미분하면 오늘의 삶이된다. 아무리 늦어도 미분된 오늘의 삶에 충실하면 적분된 인생의 모습은 그리 추한 모습으로 다가오지 않는다. 인생의 낙오자가 될 것같은 막연한 불안감이 몰려오겠지만 삼성, 현대만이 일류기업이니 머리띠 둘러매고 공부하겠다는 생각에서 탈출해야 한다.

Fast Follower의 시대가 저물고 First Mover가 주도하는 세상이 열렸듯 여러분들의 세상은 부모들이 해왔던 방식을 답습한다면 인생이 크게 피지 않을 것이다. 또한 모두가 획일화되고 도식화된 인생의 진로를 따라간다면 여러분들이 살아가야 하는 우리나라는 더 이상 희망 없는 나라가 될 것이다. 대학에 입학했을 때의 풋풋함을 지키고 기성세대를 부정했던 초심을 잃지 마라. 꼰대들이 상투적으로 하는 말 같지만 앞으로의 세상은 다양성이 중요하게 될 것이며 그 가운데 행복한 일거리를 찾아야 한다.

그림 그리는 것이 행복하다면 그림을 그려야 한다. 우리나라도 차량을 튜닝하는 '자기만의 차를 갖게 되는 시대가 곧 열린다. 차를 개조하고 차에 그림을 그려주는 일, 훌륭하고 각광받는 직업이 될 것이다. 그중 누가 가장 잘 나가는 사람이 될까. 돈벌이보다 자기가 하고 있는 일에 자부심을 갖고 열정을 바탕으로 행복한 그림을 그려내는 사람. 당연하지 않은가. 자기만의 차를 갖고 싶어 차를 튜닝하는데 컴퓨터로 같은 그림만 그려내는 사람은 싸구려가 되는 것이고 행복한 마음으로 세상에서 유일한 자기만의 차를 그려내는 사람은 장인이 되고 예술가가 된다. 여러분은 그런 길을 가야 한다.

대신 하찮은 일이라도 열정을 다해라. 나이들면 하찮은 일은 하지 못하게 된단다. 편의점 알바도 해봐야 하고 청소도 해봐야 하지만 행복한 마음으로 열정을 갖고 하는 것이 중요하다. 인간은 결국 행복을 추구하다 죽는 것인데, 불행의 시작은 비교에서부터 시작된다. 힘한 일을 해보지 않고는 행복의 폭과 깊이가 덜해진다. 힘한 일을 할 수 있을 때 경험해야 한다.

나는 신입직원 시절을 주임으로 시작했기에 30여 년간 근무하면서 힘한 일을 많이 경험하지 못했다. 가장 행복했을 때가 직원들을 위해 청소하고, 야근 직원들을 위해 샌드위치를 만들어줄 때였다. 내가 청소하고 샌드위치를 만들고 다녔지만, 느리게 가도 퇴직이라는 종착역은 같았다. 종착역을 향해 행복하게 달려갈 것이냐 아니면 조바심 내며 갈 것인가는 본인들 마음에 달려있다.

인생을 살아보니 별것도 아니고 혼자 사는 것도 아니더라. 더불어 살아가야 하고 그 속에서 행복을 찾아야 한다. 너무 빨리 가려 하면 발밑의 냉이꽃도 보이지 않고 어떤 경우에는 밟고 지나가야 한다. 오늘 하고 있는 일에서 행복을 찾으려 해야 삶이 행복해진다.

　결혼할 때도 자기가 부족한 부분을 보완할 수 있는 이성에게 끌리는 보상심리가 있고, 자녀를 키울 때도 본인이 부족해 곤란 받았던 것을 본능적으로 자식들에게는 대물림되지 않도록 하는 심리가 존재한다. 신이 아니라 인간이기 때문에 그렇다. 부족한 부분은 더불어 살아가는 사람들에게서 도움 받아야 한다. 더불어 살아가는 동료가, 가족이 행복해야 나도 그렇다. 두 딸들아, 그리고 청년들아. 느려도 괜찮다. 그리고 늦을수록 같이 가라, 二人三脚처럼.

막걸리빵

'세월이 흐를수록'이라는 표현이 일반적이지만 읽으시는 선배님들께 건방져 보일 것 같아서…. 시간이 갈수록 단맛보다는 은근하고 구수한 맛이 좋아진다.

초등학생 시절 연세대학교 앞 기차 다리 밑에 있었던 코너빵집의 빵맛은 가히 환상적이었다. 50년 전 빵집 商號를 아직까지 기억하고 있을 정도이니 환상적인 맛을 뛰어넘는 味覺的 衝擊이었다고 말하는 것이 적절한 표현일 듯하다.

어머니께서 편찮으셔서 도시락을 싸주지 못하는 날에는 빵 사먹으라고 돈을 주셨다. 코너빵집의 곰보빵, 팥빵, 크림빵이 5원도 되지 않았던 것으로 기억되는데, 삼립빵이 처음으로 出市되던 시절이었으며 먹을거리가 귀했던 당시에는 제과점 빵의 달콤함은 어느 맛과도 비교할 수 없는 최고의 맛이었다. 어렸을 적이니 어머니께서 매일 편찮으셔서 도시락을 싸주지 못했으면 좋겠다는 생각도 했다.

요즘은 웰빙식이라 하겠지만 어릴 적 간식은 허접한 것들이었다. 어릴 적 간식이라야 철마다 나오는 과일 빼고는 감자, 고구마와 김장

철 배추 꼬랑지 정도 등의 자연산 먹을거리였다. 가공식품은 떡과 빵 밖에 없던 시절이나 떡은 명절에나 먹는 것이니 어머니께서 기분 좋으신 날에는 막걸리빵을 먹을 수 있었다. 밀가루 음식을 좋아하시는 어머니는 막걸리로 밀가루를 부풀린 술빵을 자주 만드셨지만 제과점 빵 맛에 길들여져 가는 아이들의 입맛에는 맞지 않게 되어 막걸리빵을 만들어 놓으시면 "피이!~~~" 하며 실망했다.

시간이 지날수록 구수한 맛이 좋아지고 입맛이 단단히 바뀌었는지 떡도 無味에 가까운 蒸片(술떡)을 좋아한다. 어릴 적 좋아했던 꿀떡이나 깨와 설탕을 넣어 달콤한 맛이 나는 송편보다는 약하게 술 향기 솔솔 올라오는 증편은 아무리 먹어도 질리지 않는다. 빵과 떡까지도 술이 들어간 막걸리빵과 술떡을 좋아한다고 알코올 중독자로 오해받을 소지가 있지만, 증편도 약간 달짝지근한 서울식보다는 전라도지방 사평 기정떡집의 증편이 고유의 맛을 지닌 듯하여 입에 맞는다. 영광에서 근무할 때, 팀원들은 집안 大小事가 있으면 떡을 해왔는데 증편을 갖고 오는 직원, 모시떡을 갖고 오는 직원들이 많아 입이 好事를 누렸다. 모시떡은 모싯잎을 쌀가루와 혼합하여 만든 전라도지방의 특산품으로 김대중 대통령께서 좋아하셔서 청와대로 납품되었던 떡이다. 단맛이 덜한 만두만 한 쑥송편이라 생각하면 맞다.

얼마 전 비가 오는 주말, 일산에 홀로 계시는 어머님을 뵈러 갔더니 빵 반죽을 만들어주셔서 집에 와 빵을 만들었다. 저녁을 먹었는데도 집사람이 쪄놓은 막걸리빵 내음이 코와 마음을 자극한다. 아이들은 밀가루 냄새가 난다며 입도 대지 않았지만 한 입 베어 무니 구수한 맛이 입안에 퍼지면서 어린 시절 막걸리빵을 찌느라 김으로 가득 찼던 부엌과 김치를 쑹덩쑹덩 썰어 넣은 김치부침개도 생각난다.

과학계의 연구 결과 비 오는 날에는 부침개나 막걸리빵 등 밀가루 음식에 입맛이 간다고 한다. 밀가루의 주성분인 단백질과 비타민B가 감정을 조절하는 세로토닌을 구성하는 물질이라 비가 와서 우중충하고 우울한 날에는 밀가루 음식이 당긴다고 한다. 비 오는 오늘, 막걸리빵에 입맛을 빼앗기는 것은 세로토닌이 부족하다는 과학적 원인과 구수한 것을 좋아하게 된 입맛의 변화도 있지만 무엇인가 다른 특별한 원인이 있을 것 같다.

그렇다. 지금 먹고 있는 막걸리빵에 입맛을 빼앗기고 있는 원인은 어릴 적 追憶과 어머니의 사랑일 것이다.

노동과 수행

新裝開業, 친정에 돌아왔습니다.

처음 본사생활을 시작한 곳이 기술개발처이다. 본사 근무하면서 교육훈련과 안전 관리업무를 담당하며 관리본부에서 4년간 근무하는 외도를 했지만, 10여 년을 기술개발처에서 근무했으니 친정 같은 곳이기도 하다. 한때 본사 최대규모를 자랑하던 기술개발처가 衰落하여 기술연구원에 속한 기술기획팀으로 편재되었다가, 2011년 7월 1일부로 독립하여 본사 超 Mini室인 기술개발실로 변했고 예전 사무실 위치인 16층으로 이전하여 오늘 신장개업했다.

작년 말 기술기획팀으로 발령 나기 전, 향후 進路에 대해 많은 분들께서 조언을 해주셨다. "팀장 오래했으니 이제는 스텝 노릇 그만하고 사업소에 가서 소장으로 경영을 배우는 것이 좋겠다."는 말씀, 퇴직하려면 6년 정도 남았으니 맞는 말씀이다. "터 닦아 놓았으니 내려와서 같이 하시지요." 하신 월성2사업소 김병관 위원장님 말씀, 이 또한 맞는 말씀이다. 김 위원장님하고는 업무뿐 아니라 술자리에서도 잘 어울려 소위 케미가 맞는다. "기술개발분야 방향성이 정립되지 않아 걱정된다. 임 실장이 정리를 해야 한다. 본인을 위해 사업소로 간다면 책임을 懈怠하는 것이다." 입사동기 某 처장의 이야기다. 이 정도면 맞는 이야기를 떠나 협박수준이다.

친정인 기술개발실로 돌아왔다. 영광 5, 6호기 전기팀장, 경영자과정, 안전팀장을 거쳤으니, 10년 만에 친정에 돌아온 것으로 귀한 자리를 내주신 분들께 감사드리며 소식을 전했다.

더 이상 물러설 곳이 없는 부서를 담당하게 되어 행복합니다. 내부 경영평가 5년 연속 꼴등이라는 평가를 받고 있어 조금만 노력해도 성과가 날 수 있기에 행복합니다. 산적한 일거리가 있기에 행복하고 제가 맡아야 한다고 협박해 주신 선후배님과 동료 분들이 계시기에 행복합니다. 제가 해야 한다고 협박하신 분들은 저를 도와주지 않을 수 없기에 그만큼 응원군도 많다고 생각하니 마음 든든해서 행복합니다.

현장에 근무할 때는 전기팀 이야기를 썼고 안전재난팀에 근무할 때는 3년간 안전편지를 썼습니다. 기술기획팀에 와서 인원과 업무세팅을 하느라 정말로 바빠 우리 회사 기술에 대해 이야기할 엄두가 나지 않았으나 두어 달 전부터 다시 시작했습니다. 이제는 숨 쉴 만한 여유를 찾았기에 정비현장도 중요하고 안전도 중요하지만 앞으로는 우리 회사 기술개발이 중요하다고 이야기하고자 합니다. 있는 그대로, 알고 있는 지식 범위 내에서 써 내려가려 하고 혹시 기술개발과 기술기획에 대해 의문사항이 있어 질의하신다면 공부해서 알려드리도록 하겠습니다.

하지만 전기팀에 근무할 때는 현장이 최고라 했고, 안전재난팀에 근무할 때는 안전은 무엇과도 바꿀 수 없는 최우선이라 했는데, 앞으로 기술개발만이 회사 앞날을 보장해 준다는 식의 이야기가 전개되더라도 이중성격, 삼중성격자라고 욕하지 마시길 바랍니다.

흔히 기술기획업무를 뜬구름 잡는 업무라 합니다. 맞는 말씀입니다. 5년, 10년 앞을 상상해야 하는 독특한 업무이기 때문에 假想의 設定도 해야 합니다. 아폴로 11호가 달 착륙하기 한참 전, 만화가들은 우주공상만화를 그리면서 우주복과 흡사한 모양의 복장을 입은 우주인을 그려냈습니다. "소가 뒷걸음치다가 쥐 잡은 격"인지 모르겠으나 만화가들은 뜬구름을 잡아 현실화시킨 사람들입니다. 얼마 전 전입 차장님들에게 다음과 같이 당부했습니다. "우리 실 업무는 상상력을 필요로 하며 단시간 내에 끝나는 것은 없다. 정답 없는 문제로 며칠을 고민해야 할지 모르나, 정답에 가장 가까운 답안을 만들어내야 하는 것이 우리 실 업무이고 그것을 고민하라고 만든 조직이 우리 실이다."

10수년 전, 중장기 기술개발계획을 수립할 때 원자로 폐로기술개발, 로봇기술개발, 인공지능형 전문가시스템 개발이란 이야기를 처음 등장시켰습니다. 고리1호기를 폐로 해야 하며, 고장난 증기발생기 교체 등으로 관련기술이 필요한 시점이 도래했습니다. 로봇기술은 현재 각광받고 있으며 너도 나도 뛰어드는 경쟁시장이 되었습니다. 인공지능형 전문가시스템은 일반 차량정비소에서 사용될 정도로 일반화되었습니다. 강산이 한 번 반 정도 바뀌는 짧은 시간 만에 기술은 천지개벽 수준으로 변했습니다. 친정에 돌아와 우리 회사 기술의 미래를 그리는 작업에 기술개발실뿐 아니라 여러분들의 상상력이 필요합니다.

상상력을 합쳐서 실행하는 데 일조하겠습니다.

한편으로 묵은 제도를 검토해 바꿔보려고 합니다. 제가 십수 년 전 만들었던 제도들이 아직까지 운영되고 있어 한편으로 불만입니다. 시간이 흘러 효율이 떨어지고 시대조류에 맞지 않는다면 없애거나 바꿔야겠지요. 사업소와 연구조직을 돕고 지원하는 마음으로 일해 볼까 생각하고 연구에 걸림돌이 되는 제도도 개선해 보겠습니다. 연구를 위한 연구가 아니라 가격과 성능 면에서 국제경쟁력을 갖춘 기술 및 고객이 구매하고 싶은 기술을 어떻게 만들 것인가 여러분들과 같이 고민해 보도록 하겠습니다.

未來 FORUM

'未來 FORUM' 생일은 2011년 2월 8일이다. 포럼 목적은 전문가 조직 간 상호이해와 의사소통을 통해 R&D 품질을 높임과 동시에 融·複合기술을 개발하고, 회사 경영정책과 기술정책의 Alignment를 꾀하며, 사업에 필요한 기술을 개발하고 개발결과물을 조기에 사업화하는 방안을 논의하고자 하는 것이다.

누구는 "이것이 왜 포럼이냐? 진행방식을 보니까 세미나가 맞다." 하지만, 운영방식이 무슨 상관인가. 회의체 명칭이 未來 FORUM이지만 사안과 문제를 해결하는 방법에 따라 포럼 식으로 운영될 수도 있고 세미나 식으로 운영이 될 수도 있으니, 명칭은 중요치 않다고 생각한다. 모로 가도 서울만 가면 되고, 등소평의 黑描白描論같이 고양이가 검든 희든 쥐만 잘 잡으면 좋은 고양이이니, '未來 Seminar', 내가 작명해서가 아니라 未來 FORUM보다 못한 것 같다.

KOTRA의 오영교 사장님 말씀이 생각난다. "나는 '꿩 잡는 게 매'라는 말을 좋아하고 즐겨 씁니다. 매가 아무리 아름다우며 용맹스러운 자태를 지녔어도 꿩이라는 성과를 낚지 못한다면 이미 매가 아니죠.

즉 사업수행에는 실속과 성과가 있어야 한다는 것입니다."

　기술연구원, 솔루션센터, GT정비기술센터, 원자력정비기술센터 등 4개의 전문가 조직은 각기 역무가 상이하여 서로 보유기술에 대해 정보가 어두울 수 있다. 또한 개발기술을 사업화하기 위해서는 사업부서와 긴밀한 협조가 필요한데 공식화된 토론의 장이 없었기에 이러한 문제점을 해결하기 위해 멍석을 깔았다. 왜 아직까지 이러한 모임이 없었던가 하는 아쉬움도 있지만 우리 회사 기술의 미래를 논하고 이끌어 나가는 토론장이 마련되었다는 것은 반가운 일이다.

　전문가 집단일수록 소통과 협력은 중요하다. 기술자로서 장인정신은 필요하나 소통과 협력이 없다면 我執과 獨善에 빠질 수 있다. 각자가 최고의 위치에 서있지만 서로 벤치마킹한다는 생각으로 협력을 전제로 한 대화의 장을 만들어가고 기술의 융합을 이루어 나가야 한다. 연구원 해석기술과 GT 코팅기술이 융합되고 솔루션 보일러 진단기술과 원정센터 슬리빙기술이 복합되어 새로운 정비기술이 개발되기 바란다. 발전설비만을 정비하는 기술이 아니라 가정에서도 활용할 수 있는 로봇을 만들 수 있다고 사고의 영역을 확장시킬 필요가 있다.

　영국이 비틀즈 이후 처음으로 미국에 수출했다고 자랑하는 다이슨의 먼지 봉투 없는 청소기는 5년간 5,127개의 프로토 타입을 만든 후에 탄생했으며, 날개 없는 선풍기는 2009년 타임지가 선정한 '올해의 발명품'이 되었다. 청소기에 먼지 봉투가 있어야 한다는 생각과 선풍기에 날개가 있어야 한다는 생각을 100년간 해왔으나, 다이슨이 고정관념을 깨고 끊임없이 연구한 결과이다. 우리는 고정관념을 이야기할 때 '프로크루스테스의 침대(Procrustean bed)' 이야기를 한다. 자기가 세운 일방적 기준에 다른 사람의 의견을 억지로 꿰맞추고 재단하는 독선과 편견을 뜻하는 관용구가 되었으며 고정관념의 폐해를 이야기할 때 자주 인용한다. 우리 역시 고정관념이라는 정신적 철제침대를 가지고 매일 그 위에 누워 자며, 자신의 고정관념을 두고 패러다임이라고, 또는 세상의 이치라고 부르며 합리화하고 당연한 듯 침대에 맞추어 살아간다.

未來 FORUM이라는 멍석이 깔렸으니 우리 모두 머릿속의 정신적 철제침대를 버리고 사고영역을 넓히는 계기가 되었으면 한다. 내가 떠난 이후의 未來 FORUM에도 지위고하를 떠나 넥타이 풀고 차 마셔가며 격식 없이 토론해서 고정관념도 깨고 기존의 패러다임을 뛰어넘어 회사의 미래를 그려 나가는 대화의 장이 만들어졌으면 한다.

※ 後記

1) 우리 회사에 '프로크루스테스의 침대'는 존재하는가. 1차 포럼 시 기술연구원에서, 2차 포럼 시 원자력 정비기술센터에서 그간의 통념을 뛰어넘는 연구ㆍ사업계획을 발표했다. 계획의 일부는 이미 정부과제를 수탁하여 연구에 착수했고 중장기 기술개발계획에 반영되어 시행을 앞두고 있다. 우려했던 침대는 찾을 수 없었고 오히려 포럼을 주최하는 기술개발실에 침대가 있는지 찾아보려 한다.

2) 말의 饗宴? 전문직은 연구도 잘하지만 말도 잘한다. 만찬 시간은 다가오는

데 발언권을 달라고 손 든 사람이 너무 많았다. 심지어 10초만 발언기회를 달라는 요구가 빗발쳐 정리하느라 애먹었고, 2차 포럼 시에는 원정센터 보유시설 견학으로 인해 토의시간이 부족하여 모두들 아쉬워했기에 대책을 강구해야 할 것 같다.

3) 未來 FORUM은 希望, 밝음, 설렘, 幸運, Chance, 분홍빛이 아닐까 한다.

조직에 던져야 하는 話頭

조장과 주임이라는 직위도 있지만 팀장이 된 후부터 비로소 독립된 자기조직을 갖게 된다. 이때부터 조직관리에 대한 확고한 철학이 있어야 한다. 철학이 있는 조직과 없는 조직은 조직원의 의식과 행동거지가 다르다. '철학'이라 하니 골치 아파지려 하는 분들이 있을 듯하다. 여기에서 말하는 철학이란 조직을 이끄는 관리자의 생각이라 하는 것이 좋겠고, 기회 있을 때마다 강조하여 이야기하는 주제라는 의미이니 편하게 줄여 '話頭'라 표현하겠다.

울진과 영광에서 전기팀장을 할 때 팀에 던진 화두는 '단합'과 '출근이 기다려지는 전기팀'이었다. 시운전사업소 신설조직은 전국각지에서 모인 직원들로 구성되니 요즈음 젊은 친구들 용어인 속칭 '케미'가 중요한 시기였다. 또한 원자력발전소 업무 특성상 단독작업이 아니라 복수 직원들이 업무해야 하므로 단합을 강조하고, 대부분 시간을 보내야 하는 직장이 지옥 아닌 천국이어야 한다는 생각에서 출근이 기다려지는 전기팀을 만들어야 한다고 생각했다. 전기팀 식구들은 이를 충실히 실행해 항상 웃음이 끊이지 않는 분위기를 만들어 나갔다. 즐겁게 일하고 열심히 노는 것을 본 고객들은 우리 식구들과 어울려 운동하기를 희망했고, 심지어는 점심식사도 우리 사무실에 와서 같이 했다. 출근이 기다려지는 직장에 다니는 직원들의 일하는 자세는 타 발전소, 타 팀과는 근본적으로 달랐으며, 고객의 자재를 아껴 쓰고 작업장은 청결했고 휴식시간에도 질서 있게 휴식했으니 고객들까지도 좋아할 만한 조직이었다.

본사 기술처에서 던진 화두는 '사업화를 전제로 한 기술개발', '출근이 기다려지는 기술처'였다. 본사에서 제일 잘 나가던 기술처가 몰락한 원인은 기술개발전략의 부재였다. 기술개발의 방향성을 명확히 하는 것이 급선무였기에 사업화를 전제로 한 기술개발을 화두로 던졌고, 또한 패배감에 물든 기술처 전체 직원을 교체했기에 업무는 밀리고 고되지만 분위기만은 행복하자는 의미에서 출근이 기다려지는 기술처라는 화두를 내놓았다. 나는 아무리 심오한 뜻이 담겨 있다 해도 피부에 와 닿지 않는 추상적이거나 모호한 표현을 좋아하지 않는다. 물론 가슴에 와 닿는다면 더욱 좋겠지만 읽으면 쉽게 이해되는 직관적 표현과 바로 행동으로 이어지는 화두를 좋아한다. 표현이 유치해도 가고자 하는 방향이 명확한 것이라면 훌륭한 화두라 생각한다.

고맙게도 교체된 기술처 식구들은 내가 던진 화두를 이해했다. 전 직원 출근시간을 앞당기고 2년간 무던히 노력한 끝에 기술개발 체계와 방향성을 재정립하고 조직을 복원시켰다. 조직이 복원된다는 소문이 돌자마자 노동조합 위원장님이 찾아오셨다. "조직재건을 축하드립니다. 지난 2년간 처장님께서는 변함없이 새벽에 출근하셨고, 모든 직원들이 일찍 출근해서 불평 없이 일해 조직이 재건되었으니, 직원들 출근시간을 정상화시켜 주셨으면 합니다." 하는 말씀에 "알겠습니다. 아직 할 일이 많지만 급한 불은 껐으니 오랜 기간 고생한 직원들을 정상 출근시키려 합니다. 불평 없이 일해 준 직원들도 고맙고 지켜봐 주신 위원장님께도 감사드립니다." 하고 대답했다.

전력사업처의 화두는 '청렴, 신상필벌, 열정' '신사업개발 및 매출 1,000억 달성'이었다. 500여 명이 전국에 산재되어 업무하는 송변전 조직은 특수직군이며 발전소와 인력교류가 없어 오랜 기간 다른 세상을 겪어보지 않은 별동부대 같은 조직이었다. 부임 전 파악한 전력사업 분야의 문제는 청렴하지 않은 조직문화, 패배의식에 사로잡힌 본사 조직, 매너리즘에 빠진 사업소 조직문화, 정체된 매출 등이었다. 몇몇 문제 있는 인사들로 인해 조직 전체가 매도되는 부분도 없지 않았으나 노사가 협력하여 조직문화를 바꾸려 노력했다. 열정적으로 일한 식구들 덕분에 매출 신장률은 회사 내 1등을 차지했고, 만년 꼴등의 패배감을 떨쳐내고 '하면 된다.'는 긍정 마인드가 형성되기 시작했다. 하지만 전력사업처를 떠난 직후 불거진 청렴 문제로 인해 전력사업 분야 전 직원들이 매도되는 안타까운 사건이 발생되었다.

GT정비기술센터에서 던진 화두는 '매출 증대' '양보, 배려, 역지사지'이다. 2년 연속 적자를 기록해 부임하자마자 구조조정을 시작했으니, 매출 증대는 가장 중요한 화두였다. 구조조정 과정에서 당연히 발생되는 갈등은 시기와 반목이며, 오래 지속된다면 조직문화가 망가지며 매출도 저하되는 부작용이 생길 수 있다. 이를 극복하기 위해 모든 식구들이 한 발씩 물러나는 양보, 배려, 역지사지의 조직문화가 필요했다.

모든 식구들이 '매출=보직 유지'라는 간단한 공식을 이해하는 데 많은 시간이 걸리지 않았다. 커다란 홍역 없이 구조조정이 마무리되었다. 시장상황은 더욱 악화되었으나 매출을 올리고자 하는 마음이 모아지니 조직 분위기는 좋아졌고 조금이나마 경영상황이 좋아졌다.

조직상황에 맞는 화두를 던진 후, 충실히 이행한 조직은 흥했고 따라오지 못한 조직은 곤란을 겪었다고 이야기하려는 것은 아니다. '단합' '청렴' '열정' '신상필벌' '배려와 양보' '출근이 기다려지는 조직' 등의 화두는 아주 간단한 것들이었으며, 어느 조직이나 지켜야 할 기본적인 덕목과 지향하는 목표였다. 각 조직의 문화와 위크 포인트에 따라 강조한 것이 조금씩 달랐을 뿐이다.

조직을 이끄는 리더의 철학은 매우 중요하다. 대처 수상의 아버지는 마거릿이 어렸을 때부터 "생각은 말이 되고, 말은 행동이 되며, 습관, 인격, 미래가 된다."고 강조했다. 이는 아버지의 철학이었고 마거릿 대처의 철학이 되었다. 철학은 본인 미래도 결정하지만 리더의 철학은 구성원의 미래를 좌우할 수 있는 중요 요소이며, 리더의 철학을 조직의 식구들이 이해해야 다함께 성공의 길로 갈 수 있다.

중요한 것은 눈에 보이지 않는다

지금
우리가 보고 있는 것은
단지 껍데기에 불과하다.
중요한 것은 눈에 보이지 않는다.
사람이 어떤 것을 정확하게 볼 수 있는 건
오직 마음으로 볼 때이다.
　　　　- 생텍쥐페리의 《어린 왕자》 중에서

생텍쥐페리의 ≪어린왕자≫는 어른들을 위한 동화이다. 어릴 적 읽었던 ≪이솝우화≫ ≪탈무드≫와 같이 지금 꺼내 읽어봐도 깨우침을 받을 수 있으니 어른들을 위한 동화책이자 인생 지침서이기도 하다.

1998년 울진 3, 4호기 시운전사업소 전기팀장 때 이야기이니 호랑이 담배 피우던 시절이다. 현재 회사의 주축으로 성장했지만 1995~97년 입사해서 코 흘리는 신입직원들과 시운전을 할 때니, 매일 매일 안전사고와 설비사고에 대한 스트레스는 엄청났다. 꿈자리가 뒤숭숭하던 날 새벽 네 시에 발전소 문을 열어달라고 청원경찰을 깨웠던 기억도 난다.

　울진 3, 4호기 시운전사업소 현장업무를 이끌었던 사람들은 간부를 포함한 8명의 경력직원이었으며, 일주일에 한 번 정도 8명이 모여 현장업무 처리방안과 신입직원 교육 문제를 놓고 회의했다. 신입직원들은 8명의 회의를 '경로당회의'라고 불렀고, 그때 나이 39세로, 40도 되지 않은 경력직원들은 신입직원들로부터 노인취급 받는 것이 유쾌한 일은 아니었다. 하지만 시간이 흐르자 경력직원들도 자연스럽게 "경로당 모입시다."라는 이야기를 하게 되었으며, 이듬해 내가 울진을 떠날 때 경력직원들은 안쪽에 '경로당'이라고 음각된 금반지를 선물했다.

　경로당 멤버 중 한 명인 김기만 과장은 참으로 독특한 캐릭터를 갖고 있었다. 혼기가 찼지만 결혼도 안 하고 스킨스쿠버 다이빙, 윈드서핑을 즐기고, 퇴근 후에는 술집에서 그를 찾는 것이 쉬운 주당 중의 주당이었으며 생각이나 행동이 자유분방했다. 하루는 자가용을 경차에서 중형차로 바꾸면서 퇴근 후 사택 뒤 후정해수욕장에서 '차들이'를 하며 '주색제공'을 하겠다고 공지했기에 그를 조용히 불렀다. 술과 음식을 제공하겠다면 酒色提供이 아니라 酒食提供이라는 표현이 맞는다고 하자 "팀장님, 주식이 아니라 주색이 맞습니다. 저녁에 와 보시면 압니다." 하였다.

　퇴근 후 팀원들이 해수욕장에 모이자 음식과 막걸리가 차려졌고 잠시 후 티켓다방의 짧은 치마 아가씨들이 술을 따라 주는 이벤트가 벌어졌다. 보통 사람들이 상상하지 못할 기발한 측면이 있는 경로당 멤

버가 김기만 과장이었다.

　좋게 봐주면 영혼이 자유로운 보헤미안 같지만, 껍데기만으로 평가한다면 우리 회사 같은 공기업적 업무풍토에는 어울리지 않는 규칙 위반자였다. 출근시간은 지켰으나 전날 마신 술의 酒毒으로 현장 사무실에서 라면을 끓여 먹고 사무실 소파에서 졸기도 하니, 처음 보는 사람 눈에는 불량직원 중의 한 명으로 비칠 수도 있었다.

　전기회로 해석분야에 남다른 재능을 보유하고 있으나 규칙에 얽매이는 것을 싫어하고, 총각이라 퇴근시간 부담이 없는 그에게 행동반경의 울타리를 크게 쳐주었다. "김 과장은 업무를 늦게 시작해도 된다. 술 먹고 피곤하면 업무시간에 쉬어도 좋다. 소파에 기대어 잘 수도 있다. 하지만 주어진 기간 내에 업무를 끝내야 한다."는 등.

　김 과장에게는 단시간 내에 결론을 내는 업무 대신 해결하는 데 한두 달이 소요되는 업무를 담당케 했다. 도면 수십 내지 수백 장을 해독해야 전기적 trouble 원인을 찾아낼 수 있어 머리를 많이 써야 하고 장기적인 일이라 모두 기피하는 업무를 담당하게 했다. 김 과장의 능력은 겉으로 보이는 것이 전부가 아니었다. 그는 주어진 기한을 지킨 것은 물론 酒毒이 풀린 후에는 놀랄 만한 집중력을 보이며 예상보다 빠르게 일을 처리했다. 껍데기만 보고 "라면 먹지마라. 근무시간에 소파에 눕지 마라." 하고 잔소리를 해댔으면 사람도 잃고 업무도 지연될 뻔했다.

　그가 얼마 전 본사교육을 왔기에 퇴근 후 막걸리 집에서 만났다.
"실장님, 댁 집들이할 때 제가 안아주었던 작은애가 몇 살 되었습니까?"

"벌써 고등학교 2학년이 되었지요. 시간이 참으로 빨리 가지요?"

"김 과장님은 어떻게 사십니까?"

"사택에 살지 않고 죽변에 자그마한 집을 마련했습니다. 나이가 드니까 걱정되는 것도 있고요."

"잘 생각했습니다. 이제 우리들도 노후를 준비해야 할 나이지요."

껍데기로 판단하지 않고 속마음을 읽어준 옛날 팀장과 속마음을 읽어준 팀장의 마음을 알고 있는 옛날 김 과장 등 두 명의 경로당 멤버는 그날 모두 술에 취했다. 마음이 통했고 오랜만에 만난 친구와 나누는 막걸리가 너무나 달았다.

長江後浪推前浪

전인교육을 위해 개설한 회사 '지식마루'를 보면서 인터넷 강의의 편리함, 지식의 방대함에 감탄함과 동시에, "장강의 뒤 물결이 앞 물결을 밀어낸다."는 '長江後浪推前浪'이란 구절을 생각해 본다. 20여 년 전 교육훈련 차장 시절, 회사 기술수준이 미흡했던 시기라 직원 기술능력향상에 초점을 두어 중장기 교육계획을 수립하고 추진했다. 최근 교육훈련팀에서 시행하는 업무를 보면 컴퓨터, 인터넷을 활용하고 인성교육을 강화하는 등 예전에 미흡했던 부분을 보완하고 있다. 시간이 흐르면 낡은 기술도 신기술로 대체되고 사람도 신인류 신사고로 변화되듯, 요즘 교육훈련 분야를 보면 뒤 물결이 앞 물결들을 제대로 밀어내는구나 하는 생각에 기뻤다.

'지식마루'에서 감명 깊게 들은 내용 중의 두 문장을 발췌해 본다. 아마도 이렇게 살아오셨던 분들이 많을 것이나 다시 한 번 새겨볼 만한 명언이라 생각되어 소개한다.

그저 시키는 일만 하면 큰 성공을 거둘 수 없다. 자신에게 주어지는 것

이상으로 열심히 노력해야 괄목할 만한 성과를 올릴 수 있다.
- 찰스 켄달 아담스

지시에 따르기만 하면 평범한 성공을 할 수 있지만 큰 성공을 할 수 없다. 커다란 성공을 이루려면 창의적이고 남들보다 많은 노력을 해야 한다는 말씀인데, 지당하신 공자 말씀이고 창조경제 상황의 승리자로 살아남으려면 이렇게 해야 한다. 一家를 이룬 사람들 이야기를 들어보면 모두 창의적이고도 치열한 노력을 했다.

대통령들은 말할 것도 없고, 사물놀이의 거장 김덕수 씨는 국악예고만을 졸업했으나 한국예술종합학교 교수이다. '방랑식객'이라는 별칭의 자연요리 연구가 임지호 씨는 자연에서 나는 모든 것으로 고집스럽게 창의적 요리를 만드는 것으로 유명하다. 양평에 있는 임지호 씨의 식당은 고집스럽게도 점심 12시~2시 30분, 저녁 5시~7시 40분까지만 문을 연다.

우리 회사에서도 업무로 일가를 이룬 분들이 많은데 그분들도 시키는 일만 했다면 甲男乙女 중의 한 명이었을 것이다. 주어진 것 이상으로 열심히 노력하신 분들은 터빈의 대가, 진동의 대가, 발전기의 대가가 되었다. 신입사원 때는 모든 것을 지시에 따라 할 수밖에 없지만 시간이 흐를수록 창조적이고도 주어진 것 이상의 치열한 노력이 필요하다.

어려울 때일수록 달성하고자 하는 것이 무엇인지 잊지 말아야 한다.
- 모택동

어렵다고 포기할 수 없는 것이 여러 개 있다. 목숨과 가족관계는 천륜이니 끊거나 호적을 파낼 수 없으며, 군인은 국토수호가 본연의 임무이므로 적에게 밀린다고 작전상 후퇴는 있을지라도 도망칠 수 없다. 직장생활을 하는 비즈니스맨들도 어렵다고 업무를 해태하거나 회피할 수 없다.

요즈음 개천에서 용 나는 시대는 끝났다고 한다. 환경 좋은 가정에서 자라난 아이들이 용이 되고 열악한 환경에서 태어난 아이들은 죽을 때까지 미꾸라지로 살아야 한다는 이야기다. 20조 원에 이르는 사교육시장의 60%가 강남에 몰려있고, 서울 거주 고등학생 명문대 진학률은 지방의 2배이다. 부의 격차가 교육의 격차로 이어지고 나아가 사회적 지위의 격차로 이어진다며 개천에서 용 나는 시대는 끝났다지만 내 생각은 조금 다르다. 양현석 씨는 머리 위로 쥐가 떨어질 정도로 열악한 환경에서 자랐지만 YG엔터테인먼트의 대표이며, 휠체어를 탄 영국의 이론물리학자 스티븐 호킹은 22살 때 루게릭병으로 인해 2년의 시한부 선고를 받았지만 76세까지 살았으니 천수를 누렸다고 할 수 있다.

용이 나는 시대는 계속될 것이다. 재산을 물려받은 이건희 회장의 재산은 13조 원, 정몽구 회장의 재산은 7조 원이다. 샐러리맨에서 시작해 자수성가한 박현주 미래에셋회장은 1조2천억 원, 게임업체 넥슨 김정주 회장은 1조9천억 원, 양현석 대표는 2천억 원이다. 성공을 돈으로 표현해서 뭐하지만 富者나 勝者나 어려움은 있었을 것이나 달성하고자 하는 목표를 잊지 않고 살았을 것이다.

창의력의 시대이다. 'SKY'를 졸업했다고 창의력이 뛰어난 것은 아니다. 창의력이 뛰어난 사람이 용 되는 시대가 열렸으나 창의력의 시대에도 경쟁이 치열하니 살아남는 방법을 알아야 한다.

그저 시키는 일만 하면 큰 성공을 거둘 수 없다. 자신에게 주어지는 것 이상으로 열심히 노력해야 괄목할 만한 성과를 올릴 수 있다. 어려울 때일수록 달성하고자 하는 것이 무엇인지 잊지 말아야 한다.

長江後浪推前浪, 시대는 끊임없이 변화하며, 신기술이 낙후기술을 구축하고 창의력으로 무장한 후배들이 낡은 사고를 고수하는 선배들을 밀어낸다. 오늘의 신입사원도 내일은 선배가 되겠지만 주어진 것 이상 열심히 노력하고 달성하고자 하는 것을 잊지 않는다면 長江의 前浪이 아닌 後浪이 될 수 있다. 長江의 前浪인 내가 後浪에게 밀려나는데도 기분 좋은 이유는 무엇인지 모르겠다.

Kim's theory? No, Kim's rule!

날이 추워져 제철 만난 기모바지가 잘 팔리는 계절인데, 정비사업본부장 김오 전무님도 기모바지만큼 제철을 만났다. 발전5사에 몸 팔러 다녀야 하니(우리 회사 은어로 업무상의 술자리 참석을 몸 팔러 다닌다고 한다.) 못 하던 약주도 부쩍 늘었고 말씀도 무척 잘하신다. 며칠 전 사무실에 오셔서 하시는 말씀이, 요즘 후배들에게 'Kim's theory'라는 제목으로 인생경험담을 알려주고 있단다.

Kim's theory 1: 인생 총량의 법칙(희로애락 총량의 법칙)
개개인 일생의 喜怒哀樂 총량은 하나님께서 정해 놓으셨는데 거의 일정하다. 젊었을 때 많이 고생했다면 말년 고생이 덜하고, 젊었을 때 기쁨이 많으면 말년 기쁨이 덜하다. 입사 후 졸병시절 힘들게 일을 배웠다면, 고참이 된 다음 업무부담이 적어진다. 초년에 승진을 빨리하여 기쁨을 만끽했다면, 말년에는 더 이상 올라갈 곳이 없기에 승진 기쁨은 맛볼 수 없다.

Kim's theory 1은 내가 갓 승진한 후배들에게 하는 이야기와 비슷하다. 승진 후, 임지를 정할 때 편한 곳으로 가려 하지 말고 가장 힘든 곳으로 가야 한다. 사람 많고 힘든 곳에 가서 경험하고 배운 것은 퇴직할 때까지 써먹을 재산이다. 승진의 기쁨이 남아있을 때 힘든 일을 하면 즐겁게 일할 수 있다.

Kim's theory 2: Rebound의 법칙

1미터 높이에서 바닥으로 공을 낙하시켰을 때 튀어 오르는 높이는 탄성계수, 마찰력 등이 작용하여 70센티 정도 될 것이다. 1미터 높이로 튀어 오르게 하려면 1.5미터 높이에서 공을 떨어트려야 한다. 선배나 관리자들이 느끼는 불만 중의 하나가 나는 후배나 직원들에게 이만한 사랑을 쏟고 있는데 돌아오는 반응이 시큰둥하다는 것인데 원하는 만큼 반응을 얻기 위해서는 많이 줘야 한다.

Kim's theory 2는 계산적 사랑을 해서는 성공할 수 없다는 이야기인 듯하다. 남녀 간 애정이 싹틀 때는 더 많은 사랑을 주지 못해 열병을 앓지만, 시간이 흐르면 타산적으로 바뀌고 결혼하여 갱년기가 되면 더 빼앗아먹을 것이 없나 호시탐탐 기회(?)를 엿보게 된다. 부하직원을 사랑하는 것도 가슴 설레는 첫사랑 시절과 같이 무조건 많은 사랑을 주는 이타적인 태도가 중요하다는 이야기다. 그러면 직장에서 부하직원을 사랑하는 방법은 무엇일까. 진정으로 알아주고 인정해 주는 것, 장점은 인정하고 약점을 수용해 주는 것….

Kim's theory 3: 사랑 배분의 법칙

본인을 중심으로 상사, 동료, 직원 등 상하좌우의 관계가 있다. 상하좌우에 사랑을 골고루 배분한다면 진원이 될 것인데 하방이 처지는 타원으로 만들어야 한다. 하방 70%, 상방 30%인 타원을 만들면 부하직원들에게 더욱 많은 사랑을 베풀어야 한다는 것이나 그렇다고 상사를 무시한다는 것은 아니다. 모시고 있는 상사는 부모님과 같아서 퇴직 후에도 안부를 여쭙고 가끔 저녁 자리도 마련해 드려야 한다.

직원들에게 보다 많은 사랑을 쏟는 간부가 결국에는 보다 많은 성과를 내게 되고 조직을 강하게 만들며 결과적으로 상사를 잘 모시게 되는 것이다. 얼마 전 현장에 있는 차장들에게 빨리 진급할 수 있는 비결을 가르쳐주겠다고 하니 눈이 초롱초롱해지더라. 빨리 승진할 수 있는 비결은 상사보다 부하직원들을 더 많이 사랑하는 것이라 했다.

Kim's theory 3은 위나라 장군 오기의 연저지인 이야기를 떠오르게 한다. 장수가 전쟁에서 이기려면 필승전략을 수립해야 하나 무엇보다 중요한 것은 장군을 위해 목숨 바쳐 싸우는 병사가 있어야 한다. 상처의 고름을 빨아 치료해 줄 정도의 부하 사랑 없이는 이기는 관리자가 될 수 없다. 진시황 때 만리장성을 쌓은 사람이 몽염인데, 몽염은 왕만 바라보고 살아 진시황의 총애를 받았으나 진시황이 죽자 동생 몽의는 옥에 갇혔고 몽염은 자살했다. 높은 곳에 오를수록 시야가 넓어지지만 항상 발아래를 살펴야 한다는 교훈을 주고 있다.

요즈음 잘 나가는 기모 전무의 Kim's theory라고 명명한 이론을 듣고 한 수 거들었다. "전무님, 작명을 바꿔야겠습니다. Kim's theory가 아니라 Kim's rule입니다."

경험을 바탕으로 가설을 세우고 그것이 정립되어 이해되고 예측가능하면 이론이 되고, 이론이 많은 사람들에게 동의 받고 확정되면 법칙이 되는데, 기모 전무님의 Kim's theory는 이미 30여 년 이상 경험한 것을 정리하신 것으로, 많은 경영서적과 고전에서 유사한 이야기들이 나오니 rule로 격상을 시켜도 손색없을 듯하다.

간부는 임명직인가 선출직인가

　작년 말 승격과 보직인사를 전후하여 많은 후배님들의 전화를 받았다. 길게는 20분 정도 통화를 했으니 통신비가 꽤나 나왔을 법한데, 대화의 요지는 "어떻게 하면 승격할 수 있습니까? 이번에 근무지를 옮기려 하는데 어떤 사항을 고려해야 합니까?" 하는 내용이었다. 후배님들에게 경험과 아는 범위 내에서 대답해 주었지만 우리 회사 승격제도에 근거한 평상시의 처신에 대해 대답을 해주고 싶었다. 어쩌면 이것이 정답이고 왕도인지 모른다.

　다른 회사도 마찬가지일 것으로 생각되는데 우리 회사 간부는 임명직이고 노동조합 간부는 선출직으로 생각하는 사람들이 많은 듯하다. 물론 차장이 되기 위한 초급간부 고시는 자력으로 공부해야 하니 임명직도 선출직도 아니라고 하나, 이것도 상사의 근무평정 성적과 동료들의 다면평가 결과가 당락에 영향을 미치게 되니 선출개념이 반영되어 있다. 초간고시 합격 이후 간부보직은 보직권자에 의해 임명되나 이 또한 임명이 아닌 선출과 가깝다. 승격 후 주위평판을 고려하여 능력이 있고 상하좌우로 소통 잘되는 간부는 서로 모셔가려 하나 반대인 경우는 파장 무렵 시장에서 떨이하는 물건취급을 당하거나, 아니면 1+1신세를 면치 못하게 된다. 이보다 심한 경우에는 공석으로 운영할 테니 제발 보내지 말라는 이야기도 나오는데, 한 번 쏘아 올리면 랜딩을 하지 못하는 인공위성 신세가 될 수도 있다는 이야기인데 실제 발생한 사례도 있다.

초급간부인 차장부터 퇴직까지의 삶은 철저하게 선출되는 과정을 거치게 된다. 이것이 승격 노하우인데도 아직도 많은 간부들은 간부는 임명직이라고 착각하고 있어 대처 못 하는 경우도 있다. 부장, 실장, 처장으로 진급할 때도 근평과 다면평가 요소가 작용하고 주위의 인물평에 관한 정보들이 참고된다. 승격심사위원회에 참여하는 위원들은 본사, 사업소에서 골고루 참여하게 되지만 승격 후보자 전원과 같이 근무를 해본 것은 아니니, 위원들은 후보자의 기본자력 확인 후 그간 들어왔던 평판을 근거로 채점하여 당락을 결정짓는다. 인물에 대한 평가는 상사, 동료, 부하직원들이 하게 되는데 그중 직원들 입을 무시할 수 없다. 우리 회사 업무 특성상 타 발전소 계획예방정비공사에 매년 3~4회 정도 파견근무를 하게 되어있으니 부하직원들은 간부평판의 전달자이자 대변인 역할을 하고 있는 것이다. 영광 전기팀에 근무할 때 협력직원을 포함하여 50명이었는데 매년 30일간 3회 파견, 5.8년을 영광에서 근무했으니 무려 26,100 Man Day만큼 직원들이 내 잘잘못을 주변에 전파한 셈이 된다.

26,100 Man Day만큼 대변인이 있다고 했는데, 거짓말같이 들릴 것 같아 실제 사례를 소개한다.

Case 1: 같은 발전소 고객사 간부가 커피 한 잔 하면서 들려준 이야기다.

우리 팀 직원에게 농담 삼아 "정말로 당신 팀장이 훌륭하다고 생각하느냐? 내가 볼 때는 1년 내내 술만 먹고 다니는 것 같던데." 우리 직원이 정색하면서 이렇게 대답했다. "아닙니다. 우리 팀장님은 직원들을 친동생같이 여기며 직원들의 비전을 제시하고 계신 훌륭한 분입니다. 겉만 보고 판단하시면 안 됩니다."

Case 2: 하루는 아주 먼 울진에 근무하는 전기팀장이 전화했다.

"도와주신 덕분에 오버홀을 잘 끝냈습니다. 감사합니다. 그런데 직원들을 잘 키웠더군요."

"그렇지요, 우리 식구들이 기량은 떨어질지 몰라도 성심을 다해 열심히 일할 겁니다."

"그게 아니고요, 공사기간 중에 직원들과 맥주 먹으면서 영광3 전기팀 S주임은 독선적이라며 험담했다가 혼났습니다."

옆자리의 어떤 직원이 일어나서 "영광3 전기팀, 아무개입니다. S주임은 열정적으로 일하시는 분입니다. 직원들을 이끌어가기 위해서 가끔 독선적인 방법으로 일 하시지만 본인 자신을 희생하며 일하는 분입니다. 욕하시면 안 됩니다." 했다.

"너무 단호하게 이야기하기에 당황했습니다. 주임과 직원들을 잘 키웠고, 영광3 전기팀의 단합, 단결하는 모습이 부러웠습니다."

Case 3: 작고하신 권오형 사장님 치부책에는 많은 사람들의 정보가 담겨있었다고 한다. 5,000명 전 직원에 대한 치부책은 아니고 고위간부에 대한 평판정보가 담겨있었다고 한다. 홍길동이 잘한 횟수가 바를 정자로 표기되어 있으며 잘한 횟수는 바로 주위평판에 좌우된다.

경영자과정을 마치고 안전팀장으로 부임한 첫해 승격을 못했다. 사장님이 승격자 발표 후 호출하시더니 "임 팀장은 주위에서 칭찬을 많이 하던데 교육 끝내자마자 승격시키는 것이 부담되어 승격시키지 않았으니 이번에 승격 못 한 것을 섭섭해하지 말게. 내년에는 꼭 승격시켜 줄 테니 걱정하지 말고 열심히 일했으면 좋겠네." 하셨다. 사장님 치부책에 나에 대한 바를 정자가 많았던 것은 분명해 보인다.

Case 4: 김오 전무님의 Tip, 주관은 뚜렷하게, 행동은 유연하게.

사무실에 자주 오시는 김 전무님은 임기종료를 앞두셔서 그런지 그간의 所懷를 자주 말씀하신다. "뚜렷한 주관은 있되 유연하게 행동해야 적이 생기지 않는다. 내 자신은 好不好가 명확한 것을 좋아하지만 도움 되는 경우가 많지 않았다. 주관이 뚜렷해서 상대방을 설득시키는 것을 능력이라 하지만 상대방의 기분을 상하지 않게 설득하는 것이 진정한 능력이다. 적을 만들게 되면 이들이 확대재생산하게 되고 추후 재앙이 되어 돌아온다. 상대방을 대우하고 존중해서 마음 상하지 않게 소기의 목적을 달성하고 오는 사람이 진정한 승리자이다. 승격 시에도 모든 사람을 모르기에 어느 사업소 누구하면 연상되어 떠오르는 이미지가 당락을 결정한다. 서열명부에 오르는 사람들의 업적이란 것은 대부분 대등소이하기에 주관은 뚜렷하되 행동이 유연한 사람들이 승격하게 된다."

4가지 Case를 말했는데도 승격과 보직은 사장님이 정하시는 것이지 주변평판에 의해 정해지는 것이 아니라면 더 이상 할 말 없다. 하지만 예전 보안사령부 존안 카드 같은 것이 사장님 치부책뿐 아니라 모든 직원들 마음속에 존재하고 있다. 평소 나에 대한 평가가 발이 달린 말처럼 이곳저곳에 전파되고 있고 이것이 승격과 보직에 영향을 미치는 것은 분명하다. 그래서 간부는 임명직이 아닌 선출직이다.

도전정신, 안전빵

　대학졸업 후 동기 중 일부는 공기업에, 다른 불특정 다수는 민간기업에 취업했다. 공기업 직원들에게 부족한 것이 도전정신이라 하지만 처음부터 도전정신이 부족한 동기가 공기업에 취업한 것은 아니었다. 기업문화와 근무환경이 후천적으로 사람 성격을 바꾼 탓인데 공기업문화는 도전과 진취보다는 소위 '안전빵'에 가깝다. 私益보다는 公益을 우선하는 기업설립 취지도 조직문화에 영향을 미치게 되므로 업무 스타일도 보수적, 안정적으로 자리 잡게 된다.
　발전소 운전을 위한 연료구입도 값은 헐하나 불안정한 공급처보다 값은 비싸지만 안정적 공급이 가능한 거래처와 계약하게 된다. 민간기업은 연료부족으로 발전 불가능상태에 빠져도 양해되지만, 공기업은 연료부족에 의한 발전 불가능상태에 빠지면 수요공급도 예측 못 하는 무능집단으로 매도되는 것뿐 아니라 아마도 징계가 불가피할 것으로 보이기 때문이다. 물론 비싼 가격에 연료도입을 하게 된다 해도 비효율적이고 무능한 공기업이라는 비판을 피하기 어렵지만 전기 공급중단에 따른 불편을 감수하는 것보다 낫다는 판단이다. 도전과 진취의

또 다른 표현은 '모험'이 될 텐데 모험이 용인되는 문화라면 공기업 직원도 진취적으로 싼 가격의 연료도입에 도전할 수 있다.

R&D 업무를 관장했을 때 가장 어려운 난제가 현장적용이어서 정부 고위관료들과 회의할 기회를 이용해 이 문제를 건의했다. 즉 쓸 만한 연구결과물이 나왔는데도 우리 회사가 발전설비를 보유하고 있지 않기에 현장적용이 어렵고 시범 적용할 Pilot Plant도 없다. 이것은 우리나라 산업계의 난제이기도 해서 신기술, 신제품을 개발해도 현장적용 할 기회가 없다. 발전 중인 설비에 적용하려 해도 해당 발전사, 발전소장이 현장적용 시 발전소 정지위험 등의 사유로 신기술활용을 꺼린다. 정부에서 앞장서 신기술, 신제품을 적용할 경우 발전정지가 유발되어도 책임을 묻지 않는다는 제도를 마련해 줬으면 한다는 등의 내용이었다..

사실 공무원들 또한 '안전빵' 문화에 길들여져 있어 쉽게 풀릴 가능성이 없다는 것을 알면서도 건의했다. 이 문제는 산자부만의 문제가 아니라 공기업 평가의 칼자루를 쥐고 있는 기재부도 설득해야 하는 사안으로 산자부 공무원이 기재부 공무원을 쫓아다니며 설득할 가능성은 매우 낮지만 답답한 마음에 이야기해 봤다. 신기하게도 이 문제가 산자부에 의해 2018년부터 해결되었다.

GT정비기술센터가 보유한 로터 벤딩 교정기술이 아직 완전한 것은 아니나 국내 경쟁사가 보유한 기술 대비 효과적인 부분이 있었다. 하지만 실전경험이 많지 않은 것이 단점으로 외국 선진사는 100케이스가 넘었고 우리는 이제 걸음마 수준이지만 언제까지 실험과 연구만

할 수 없는 노릇이었다. 사업화하겠다고 하자 회사 내부에서 기술의 불완전성을 지적하며 사업화했을 때의 위험성을 이야기했다. 실패했을 경우의 위험성에 대해서도 경고했으며, 심지어는 굴러가는 낙엽도 피해 가야 하는 제대 말년에 뭐가 아쉬워 그렇게 위험한 사업을 벌이느냐는 애정 어린 충고도 있었다.

올해 로터 벤딩 교정기술을 활용하여 20억 원 정도 매출을 올렸다. 특이한 내부구조를 갖고 있는 터빈에 대한 교정은 성공하지 못했다. 임상경험이 부족한 탓이나 나머지 사례는 성공했고 시장가격도 우리가 원하는 모습으로 런칭시켰다. 매출도 중요하지만 우리에게는 실전에서 실패와 성공의 임상경험 축적이 커다란 소득이었다. 기술진을 독려하여 모험(?)했던 배경은 책임배상보험에도 가입되어 있어 어느 정도까지의 실패에 대한 금전적 담보가 되어 있었으며, 굴러가는 낙엽에 치어봐야 제대 말년에 얼마나 다치겠나 하는 오기도 있었다.

정부의 제도적인 뒷받침에 대해 언급했지만 실무자들이 위험성을 느끼는 이유의 상당부분은 내부에 있다. 아무런 탈 없이 성공했다면 이에 대한 보상은 없지만 실패했을 때 쏟아지는 비난을 온몸으로 막아내야 하며, 금전적 손실이 발생된다면 징계가 수반되며 인사상 불이익도 받는다.

"그것 봐라, 내가 안 된다고 하지 않았느냐." 정확한 근거도 제시하지 못하면서 모험하지 말라는 이런 부류의 목소리가 커진다. 반대 입장에서 이야기하는 사람이 의미 있는 근거를 제시한다면 언제나 환영하겠지만 그렇지 않은 경우가 대부분이다. 벤딩 교정실패로 페널티가 발생되어 금전적 배상뿐 아니라 윗분들이 고객들에게 아쉬운 부탁을 해야 하는 상황이 발생되면 이에 대한 징계와 도의적 책임도 뒤따른다. 소위 '사고 찬' 사람이 승격 대상자인 경우에는 징계 받는 것도 치명상이지만 사내에 정비실패 사례의 당사자로 널리 광고되는 불이익도 감당해야 한다.

상황이 이렇게 전개된다면 더 이상 모험(?)을 강행할 수 없으며 해당사업을 영원히 접어야 한다. 이로 인해 '안전빵' 문화가 고착되어 중간만 가려는 부류가 증가하며 이것이 조직문화가 된다. 도전 없는 조직문화가 정착된다면 회사 앞날은 어둡고 칙칙해지는 것이 당연하다.

하지만 승진에 도움은커녕 방해가 될 것 같다고 모험 없이 '안전빵'으로만 갈 것인가. 담당자들은 소신에 따라, 기술자적 양심에 따라 행동해야 하며, 회사는 사업화과정에서 있을 수 있는 실패는 용인하고 넘어가는 문화를 만들어야 한다. 또한 나같이 더 이상 승격이 필요 없는 처장들이 선배로서 바람막이 역할을 해주는 것도 필요하다. 공기업에서도 '안전빵' 시대는 서서히 저물어 이미 석양이 보이기 시작했다. 그리고 모험 없이 돈을 벌 수 있는 사업은 세계 어느 곳에도 존재하지 않는다.

勞動과 修行

회사에서 계획된 일을 하는 것을 業務 遂行한다고 하고, 몸을 움직여 일을 하는 것을 勞動이라 한다. 업무를 수행하려면 간부나 직원 모두 몸을 움직여야 하니 노동자임에 틀림없으나, 대부분 회사에서 간부는 사용자이고 직원은 근로자로 평시에는 같이 일하다가 勞動의 문제가 불거지면 勞使로 나눠진다.

속어로 '머리를 굴려 일하는 것'을 정신노동이라 하고 '몸으로 때우는 것'을 육체노동이라 한다. 예전 산업화 시기에는 정신노동은 간부가, 육체노동은 직원들이 하는 것이 일반적이었으나, 정보화시대에 접어들면서 한계가 모호해져 고전적인 형태의 노사관계는 퇴색되었고 현재는 신분에 따라 노와 사가 구분된다.

종교인들이 생리적 욕구를 자제하고 육신을 닦아 정신정화나 神的 존재와 하나 됨을 얻으려는 종교적 행위를 修行이라 한다. 이런 행위를 속어로는 '도 닦는다.'고 한다. 최근 종교인에 대한 과세가 논란이 되고 있는데 '소득 있는 곳에 세금 있다'는 정부정책에 충실히 따라온 샐러리맨이기에 당연히 과세해야 한다는 입장이지만 자세한 부과내

역에 대해서는 알지 못한다. 하지만 종교인은 도를 닦아 인류를 구원하는 것이 직업이니 종교인에게 소득세를 부가한다면 종교인의 修行을 정신노동으로 보는 것이므로 지나친 확대해석이라고도 생각할 수 있다.

노동의 정의와 업무수행의 사전적 해석은 차이가 없지만 OECD 갈등지수 2위 국가인 우리나라에서 노동이란 저항, 착취, 투쟁을 떠올리게 하는 단어임에 분명하다. 업무를 수행하는 것을 勞動으로 볼 것인가, 遂行으로 볼 것인가, 아니면 修行으로 볼 것인가. 참으로 경계가 애매한 일이다. 땀 흘리는 勞動은 신성한 것임에 분명하나 뉘앙스가 形而下學的인 것 같고, 遂行은 깔끔하고 젠틀한 느낌, 종교인들의 修行은 고상하고 形而上學的으로 느껴지는 것은 내 주관적 판단에 지나지 않는다.

일본 經營三神 중 한 분인 교세라 이나모리 가즈오 회장은 1959년 자본금 300만 엔으로 교세라를 창업한 후 지금까지 한 번도 적자를 내지 않은 세계적 부품·소재 기업을 만든 것으로 유명하다. 또한 2010년 위기에 빠진 JAL을 정상화시킨 후 약속대로 2013년 물러나며 다시 한 번 유명해졌다. 2010년 정부와 재계에서 삼고초려해 모셔왔던 이나모리 가즈오 교세라 회장의 요구조건은 월급을 받지 않겠다는 것이었다.

이나모리 가즈오 회장은 業務 遂行하는 것을 修行으로 봤다. 실제로 1997년 교세라 CEO에서 물러난 후 교토의 禪寺로 출가해 승려생활을 하기도 했다. 이나모리 가즈오 회장은 인격을 닦고 도를 닦는 심정, 즉 도 닦는 심정으로 일을 한 것이다.

교세라는 장기적인 계획이 없는 것으로도 유명하다. 모든 것은 사람이 하는 일이고 환경이 변화해도 열과 성을 다해 도 닦는 심정으로 일한다면 장기계획이 필요치 않다고 생각했기 때문이다. 개인적으로 존경하는 이나모리 가즈오 회장님의 사례를 읽고도 회사업무 수행하는 것을 勞動으로 볼 것인가, 遂行으로 볼 것인가, 修行으로 볼 것인가. 정의를 내리지 못해 아직까지도 경계가 모호하다 이야기하는 것은 도 닦는 것을 덜했기 때문이 아닐까.

가즈오 회장과 같이 修行하는 마음으로 업무를 했었는데 최근 새로운 보직을 담당한 이후 遂行 또는 勞動을 하고 있다는 생각을 하고 있다. 협력업체 직원의 근로자 지위확인소송은 사회적 시류에 의해 정규직화해 달라는 사안이며, 영월 태양광발전소 건설공사는 준공이 되었으나 전주이설과 차단기 화재 등 공사하자처리, 공사대금지급 법정소송, 하도급 대금지급 공정거래위원회 분쟁조정, 납품업체의 제품 성적서 위조에 따른 형사고발 등 기술적으로 쉽게 처리하기 어려운 사안들이 산적해 있다. 한편으로 사업을 해야 하고 다른 한편으로는 법적으로 얽히고설킨 실타래를 하나하나 풀어나가야 하는 상황이다.

쉽게 단기간 내에 해결하고자 하는 욕심이 修行하는 마음을 遂行 또는 勞動으로 바꿔 놓은 것이 아닌지 오늘은 먼 산과 푸른 하늘을 쳐다봐야 할 것 같다.

4차 산업혁명, 엉뚱한 발상과 질문의 힘

　인문학자, 미래학자들의 공통된 의견은 4차 산업혁명으로 기계가 인간을 대체하는 시대가 열릴 것이지만, 인간의 감성·직관·창의와 관련된 부분은 대체하기 어렵다는 것이다. 4차 산업혁명과는 무관하지만 창의를 이끌어내는 엉뚱한 발상과 질문 두 가지 사례를 소개한다.

　송전철탑에 대한 비파괴검사 기술이 적용된 것은 엉뚱한 발상에서부터 시작되었다. <극한 직업>이라는 TV 프로그램에 소개될 정도로 송전 전기원은 사시사철 까마득히 높은 철탑에 올라가 점검한다. 그나마 철탑의 위치가 도심이면 다행이지만 대부분 산지에 위치하니 매일 등산을 해야 한다. 또한 특고압 전기가 흐르고 있는 상태에서 점검하게 되는 경우도 있어 우리 회사 업무 중에서도 대표적인 3D 직종에 해당한다.

　송전정비 분야에 대한 민간개방 요구가 거셀 무렵 송전 전기원을 대상으로 '송변전사업의 미래'에 대한 특강을 하며 직원들에게 질문했다. "송전 전기원이 나이들고 체력이 떨어져 송전철탑에 올라가지 못하는 상황이 되면 어떤 일을 해야 하나? 왜 우리는 까마득히 높은 철탑을 기어 올라가야만 할까? 승탑하지 않고 지상에서 망치로 두들겨 50.5미터에 볼트가 풀렸다는 판정기술이 개발된다면 편하지 않겠는가? 우리 회사가 보유한 발전소 정비기술을 송변전 분야에 적용한다면 고부가가치 사업이 열릴 수 있다. 어느 누구도 높은 철탑에 올라가 보지 못했으므로 철탑점검에서 어떤 사업을 해야 할 것인지 여러분들이 고민하고 사업을 개발해야 한다. 송전철탑에 대해 제일 잘 알고 있는 여러분이 전문가들이며 새로운 사업을 창출해야 할 당사자들이다." 하는 것이었다.

특강 후 아끼는 후배인 기술연구원 비파괴 전문가를 불렀다. 의도를 이야기하고 어떠한 사업을 창출할 수 있는지 질문을 던졌다. 물론 내 자신뿐 아니라 비파괴검사 전문가도 철탑에 올라가 본 적이 없다. 하지만 기술연구원의 비파괴 전문가가 철탑현황을 조사하고 관련 직원들과 인터뷰한 후 철탑 용접부 비파괴검사 사업을 제의했다. 이것이 바로 엉뚱한 발상과 질문의 힘이다.

후배들에게 많은 질문을 던지는 편이다. 발전소에 있는 모든 책을 봤을 정도로 공부는 많이 했으나 현장업무를 직접 수행한 경험이 없으니 모든 것이 신기해 보이고, 문외한이니 질문이 많을 수밖에 없다. 20년간 같은 방법으로 일해 왔는데 "왜 그렇게 하지?" 하고 물으면 질문을 받은 후배들이 황당해하는 것은 당연하다.

영광원자력발전소에 근무할 때 사용 후 연료를 이송하는 과정에서 수중등 개스킷이 딸려 나왔다. 청정구역으로 관리되고 있는 구역에서 우리 팀이 관할하는 설비부속품이 발견되었으니 발전소와 우리 팀이 발칵 뒤집혔다. 규제기관에 보고되어 하루 공정이 지연되면 10억 원의 손해를 보게 된다. 공정과 직접 연관이 되는 Critical Path에 해당되는 공정이 중단되고 발전소에 비상이 걸렸다.

관련 직원들을 소집해 질문하기 시작했다.

"수중등 개스킷은 맞는가?"

"맞다."

"어떻게 수중등 개스킷이 사용 후 연료 저장조에 들어갔을까?"

"수중등 파손 시 들어간 것으로 추정된다."

"언제 들어갔을까?"

"관련기록을 추적해 보니 몇 개월 전 저장조에서 수중등 개스킷을 육안으로 발견했고, 추후 꺼내는 것으로 서류화되어 있다."

"그러면 다리가 달린 것도 아닌데 육안으로 관측되었던 수중등 개스킷이 어떻게 10미터 정도를 이동했을까?"

"……?"

이 질문에서 아무도 답하지 못했다.

원자력발전소에서는 객관적이고도 제3자가 납득할 원인, 경과, 조치 방법, 재발방지대책이 수립되지 않으면 규제기관에서 공정재개를 허가하지 않는다. 출근해서 해당 현장을 살펴봤지만 답은 없었고 애타게 시간은 흘렀다. 이틀째 되던 날, 사용 후 연료 저장조를 바라보며 어떻게 이동했을까 하는 고민과 함께 내 자신에게 질문을 던지기 시작했다.

'누가 개스킷의 위치를 옮기지 않았는가?'

깊은 수조 내에 있는 개스킷 위치를 변경시키는 것은 불가능하다. 위치를 옮기는 장비를 만들어야 하니 고의로 옮기는 것도 불가능하다.

'무생물이 어떻게? 제 발로 기어간 것은 아닌가?'

바보 같지만 하루에 10억 원씩 손해 봐야 하는 상황이 이런 질문까지 던지게 한다.

'제 발로 기어갔다?'

'유레카!'

사용 후 연료를 냉각시키기 위한 쿨링 펌프가 가동하여 냉각수가 순환하며 유로에 따라 수중등 개스킷이 10여 미터를 이동하게 된 것이다.

관련 간부들을 수조 옆에 모이게 하고 쿨링 펌프 가동에 의한 유로 형성을 확인시켜 줬다. 인과관계가 명확하게 밝혀졌고 규제기관에서 공정재개를 허락했다. 이것도 바로 엉뚱한 발상과 질문의 힘이다.

이 시대 산업계의 화두는 단연 '4차 산업혁명'이다. 모든 기업들이 흐름을 타기 위해 공부하고 선진기업의 동향에 촉각을 곤두세우고 있다. 그렇지만 Big Data, AI, IoT, ICT, 바이오 등 국가적으로도 여러 분야 모두에 치중할 수 없는 노릇이고 그중 하나에만 집중하기도 어려운 실정이다. 현재 수행 중인 정비업무에 Big Data, AI, IoT, 3D 프린터 등 4차 산업혁명의 기술을 접목하는 편집기술(중간진입전략)을 필요로 한다. 어떻게 접목하나? 인간의 감성·직관·창의를 바탕으로 한 질문이 많아야 한다. 이를 수식으로 표현하면 너무 간단하다.

[질문하는 힘 = 인문학] + [정비기술+4차 산업혁명의 기술 = 편집기술] = 듣도 보도 못했던 응용정비 기술

chapter 02

우리가
파는 것은
열정
입니다

발가락이 닮았다

이 글 제목 '발가락이 닮았다'는 김동인 선생의 단편소설 제목인데 허락 없이 무단으로 빌려 왔다.

일산에 홀로 사시던 어머님께서 교회 친구들이 많이 살고 계시는 홍제동으로 집을 옮기셨다. 24평짜리 아파트이니 혼자 사시기에 적당한 크기였으나 옮기기에는 짐이 너무 많아 사용하고 계시던 자개장롱, 책상, 식탁 등 대부분을 버려야 했다. 그런데 아버님께서 보셨던 책들은 눈에 밟히는 것이 왠지 버리면 안 될 것 같다는 생각이 들었다. 아버님의 유품이라고 해봐야 돈이 되는 물건은 없고 낡은 책과 붓글씨를 쓸 때 사용하는 문방사우뿐이었다. 그러나 책이 너무 많아 근년에 발간된 책들은 버리고 색이 누렇게 변하고 묵은 먼지가 켜켜이 내려앉은 책들만 챙기기로 했다.

벽 하나를 내어 책장을 들였다. 4, 50년 지난 책들이 들어오기에는 책장이 너무 신식이었지만 헌책들은 거기에 새둥지를 틀었다. 선친은 신문기자, 통속 잡지라 일컫는 주간지 <선데이 서울>을 만드는 주간국장, 논설위원을 하시면서 많은 책들을 읽으셨고 또 많은 글들을 남기셨지만 정작 본인만을 위한 책은 단 한 권뿐이다. 유일한 단행본 시집은 당시 영부인이셨던 육영수 여사께서 돈 없는 문인들을 위해 책자발간을 도와주셨는데, 그때 발간한 책이 유일하다. 당시 신문기자라는 직업이 있었지만 詩人이 흔치 않은 시기였기에 다른 시인들의 시집출간에 동참해 책을 내셨다.

  가업을 이어받아 수필을 쓰고 있는 누이와 부지런히 글쓰기를 하는 누이에게 자극받아 글쓰기 연습을 하고 있는 나, 그림을 그리는 동생이 있어 언젠가는 가족문집을 만들어볼까 생각했다. 아버지 원고를 모으고, 동생은 표지 디자인을 위한 그림을 그리고, 누이의 아버님에 대한 추억담이 곁들여진다면 책이 한 권 탄생할 것 같았다. 아직 글쓰기가 미숙한 나는 편집을 하고, 형은 문학 쪽과 거리가 있어 발간비를 찬조하면 유고집 하나쯤은 쉽게 만들 수 있겠다는 생각에 자료를 모으기 시작했으나 곧 난관에 부딪쳤다.

  신문의 칼럼과 사설, 시와 각종 잡지에 글을 쓰셨지만 시간이 너무 많이 흘러 글을 수집한다는 것이 불가능에 가까웠다. 인터넷을 검색해도 몇 편의 시가 검색될 뿐 정보추적이 어려워 유고집 발간계획을 잠정 중단할 수밖에 없었다.

  새둥지를 튼 헌책들의 먼지를 털어내고 정리하다 보니 책과 같이 딸려온 누르스름한 봉투 안에서 40년도 넘은 아버님의 육필원고가 쏟아져 나왔다. 평소 정리하는 데 재주가 있으셨던 선친은 1970년대 초반에 작성한 내용들을 봉투에 담아놓으신 것이다. 1970년대 초반, 2~3년간의 글들밖에 스크랩되지 않았으나 색 바랜 누런 봉투는 나에게 보물 같은 꾸러미였다.

꼬부랑거리는 특유의 필체에서 돌아가신 아버님의 체취가 흠뻑 느껴진다. 망쳐 구겨버린 원고지는 개구쟁이 4남매의 딱지 접기 재료였는데 어릴 적 추억을 불러일으키는 원고지에 쓰인 글이라 더욱 감회가 새롭다. 아버님의 육필원고는 40년의 세월을 버티느라 누렇게 변했고 원고지가 바스러질 정도여서 모두 비닐 코팅을 해서 보존하기로 했다. 시간이 흐른 뒤 아이들이 거추장스럽다고 이 낡은 원고들을 처분할지도 모르지만 내 손으로 버리기에는 너무 가슴이 아린 원고들이다. 사남매를 키우시느라 밤을 하얗게 새워 가시며 해외 단행본 번역까지 하셨다는 것을 알기에 버릴 수 없는 눈물나는 원고들이기 때문이다. 작고하신 지 13년이 되었지만 낡은 책과 육필원고를 정리하다 보니 아버님께서 서재에 계신 듯한 착각이 든다.

이상하게도 나에게는 한 마디 잔소리도 안 하셔서 나는 주워온 자식인가 의심이 들 정도였으나, 피를 이어받았는지 형제들 중 유일하게 음주습관과 낚시취미는 아버님을 빼닮아 주워온 자식이 아니구나 하며 안도하곤 했다. 매운 국물 하나 있으면 밤새워 술을 마시는 모습도 선친을 닮았고, 아버님의 釣友 김시철 詩人과 서기원 小說家께서는 낚시하는 내 모습이 아버지와 판박이라고 하셨다.

선친은 함께 낚시하러 가면 나지막한 목소리로 충고하셨다. "얘야, 하나님께서는 사람마다 평생 마실 술의 양을 정해 놓으셨다. 젊었을 때 너무 마시면 나이들어 마실 술이 없단다. 음미하면서 조금씩 마셔라." 한창 나이인 20대 때의 충고라 그때는 "에이 그런 게 어디 있어요." 했지만, 50 중반에 들어서부터 주량이 예전 같지 않다 보니 새삼 아버님 충고가 이해된다. 세월이 지난 지금은 버릇없는 남자아이들을 술자리에서 내보낸다는 큰아이에게도 같은 이야기를 해주고 있는 것을 보면 큰아이도 林씨 집안 피를 이어받은 듯하다.

오늘은 40년의 시간을 거슬러 올라 꼬불꼬불하게 쓰인 육필원고를 정리하면서 아버님의 목소리를 듣고 있는 중이다. "둘째야, 글을 쓸 때는 말이다, 미사여구는 필요 없고 읽는 사람이 이해하기 좋게 써야 하고, 마음으로 읽도록 해야 한다. 그렇게 하려면 하루도 빠짐없이 꾸준하게 연습해야 한다."

'발가락이 닮았다'라는 말은 궤변 같겠지만, 아래 시는 새로 발견한 아버님의 육필원고 중에서 발췌한 詩로 낚시 좋아하는 내가 주워온 자식이 아니라는 증표 중의 하나이다.

休日千里

　　새벽에 눈비비고
　　南行千里
　　잔잔한 湖水가에 앉으면
　　찌를 드리운
　　水草 사이로
　　아침이 오는
　　낚시꾼의 休日.
　　바구니 속의 도시락

아직도 따스한 커피
휴일의 小道具들이
맑은 바람과 푸른 하늘
湖水 위를 오가는 물새들과
하루의 平和를 演出하고 나면
疲勞를 풀고
짐을 들고 일어서는
歸路 역시 千里.
소주 한 잔에 잠이 든 채
天安, 烏山, 平澤을 지나
기지개를 켜는
新葛 인터체인지 부근.
텁텁한 입에
담배를 피워 물면
車는 流星처럼 흘러
또 하나 고개를 넘고 있다.
어둠 속에 멀리 떠오르는
아, 서울의 불빛
하루의 安堵어

술(酒)과 詩

酒神 班列에 오를 만한 주량은 아니지만 어지간히 술을 마시고 다녔다. 친구 놈은 양조장집 아들이라 종일 술 냄새를 맡고 자랐고, 나는 젖꼭지 떼자마자 병 꼭지 문다는 林氏 집안 둘째 아들이 아니었던가. 고량주에 한참 입맛을 빼앗겼을 때 장충동 원조 족발 집에서 친구 놈과 둘이 앉아 소주 하나에 고량주 하나를 계속 시켜 친구 놈은 소주 다섯 병, 나는 고량주 다섯 병을 먹을 때쯤 주인이 다가와 "둘이 싸우고 있냐? 아니면 술 먹기 내기를 하고 있냐?"고 물을 정도로 술을 마셨다. 학교에 출석하지 않으면 친구들이 단골술집으로 찾아올 정도로 학교에서는 유명한 酒黨 중의 한 명이었다.

酒神을 넘어 酒仙의 경지에 들어섰던 아버님도 약주를 즐기셨다. 詩를 쓰시고 신문기자를 오래하셨는데 주머니가 얄팍한 글쟁이들과 신문기자들은 通禁으로 술집 문을 닫으면 우리 집으로 몰려들었다. '延禧屋', 날마다 酒宴이 열리는 연희동 우리 집 別號는 연희옥이었다. 변변한 안주거리가 없던 시절이니 우리 집에는 안주용으로 닭을 키웠고 한두 마리로는 감당이 되지 않아 이백 마리 정도를 키웠던 기억이 난다. 날마다 벌어지는 주연에 연희옥은 손님으로 넘쳐났고 닭이 줄어드는 만큼 술 향기에 취한 내 酒量은 늘어만 갔다.

내 신혼은 결혼식을 올리고 두 달여가 지나서 시작되었다. 친구들과 노는 데 미쳐서 결혼도 늦었지만, 결혼 후 두 달 동안 하루도 빼지 않고 친구들과 어울려 술을 먹고 다니니 새색시는 눈물 마를 날이 없었다. 하도 술을 먹고 다니니 아버님을 모시고 낚시를 갔을 때 忠告해 주신 말씀이 있다.

"둘째야, 하나님께서 사람마다 평생 마실 술의 양을 정해 주시는데, 젊었을 때 많이 마시면 나이가 들어 마실 술이 없어진단다. 음미하면서 조금씩 마시고 다녀라."

1년 365일 약주를 드시고 다녔던 아버님은 신장투석으로 말년에 약주를 못 하셨으니 맞는 말씀이시다.

주량이 예전 같지 않지만 지금도 가장 행복한 시간은 포장마차에 앉아 두런두런 이야기할 때이다. 酒에 醉하지 않고도 雰圍氣에 醉하고 言(말)의 饗宴에 醉하고 同僚와의 友情에 醉할 수 있는 행복한 시간이다. 직장인들 하는 이야기야 처음부터 끝까지 회사 이야기이니 업무의 연장이라고 생각하지만, 포장마차에서는 왜 그리 시간이 빨리 가는지 모른다.

가끔씩 시계를 보면 10시, 12시, 2시… 포차 사장님의 얼굴이 찌푸려질 때면 아쉽게도 행복한 시간 외 근무를 끝내야 한다. 매번 하는 다짐이지만 나이들어 마실 술이 적어지지 않도록 다음부터는 아버님 말씀대로 술을 조금씩 나눠 마셔야지 다짐하면서…

酒酊

오입장이들이 모이면 오입 이야기,
신문장이들이 모이면
신문 이야기를 하는데,
회사에선 술값을 따로 주지 않는다.

그래서
사직골 명월네 집이나
광화문 골목 특별집, 납짝집,
그런 데서
월급이 나오면 갚기로 하고
술을 청한다.

제길헐
이거야 소경 제 닭 먹는 격이지.
신문 이야기는 회사가 잘되라고 하는 거 아닌가.
진짜 회의를 하는 건데
진행비 몽땅 우리가 대고.

자, 우선 술을,
술을 들고 얘기하자구.

아침만 해도 그렇지,
우리야 뭐
눈만 뜨면 신문,

다방에 들러서도 못다 본 신문을 보며
조용히 생각하는 시간.

자, 우선 술을
들고 얘기하자구.

그렇지 않냐 말이요.
말하자면 새벽부터 잘 때까지
회사 일을 하고 있는데,
나 같으면 사정을 살펴서
이 자식들이 얼마나 마시나 보자,
턱 솜씨를 보이겠어.

자, 우선 술을
들고 얘기하자구.

아,
갈리래오, 봉소아, 그린·포트
명동의 그 술집들
아가씨들은 어찌됐노.

* 50년 전 선친이 쓰신 詩인데 요즘 우리들 생각과 별반 차이가 없지요?

對話, 여인의 옷 벗는 소리

    혼자 술잔을 두 개 놓고 자리를 옮겨 다니며 주거니 받거니 하며 혼자 대화하는 가수 김건모 씨 같은 奇人도 있기는 하지만, 말이 통하는 사람이 있어야 대화가 이루어지며 마음이 통하는 사람들과는 말이 없어도 눈빛으로 대화한다. 고등학교 동창들은 40년 넘은 친구들이니 척하면 삼천리요 쿵하면 호박 떨어지는 소리라, 개떡같이 말해도 찰떡같이 알아들으며 말하지 않아도 속사정을 알고 있기에 말없이도 대화가 가능하다.

    開拓教會 목사인 고등학교 동창은 신도가 없어 썰렁한 교회당을 지키고 있으면서도 지난주에는 왜 교회에 오지 않았느냐고 물어본 적이 없다. 졸지에 父親喪을 당해 매주 49재를 지내느라 두 달여를 빠진 친구에게조차 그것은 教理에 어긋나니 잘못된 일이라고 말하지 않는다. 신도와 목사님 관계 이전에 집안사정을 너무나 잘 알고 있는 친구들이기에 가끔씩 대폿집에서 나누는 대화도 종교적인 이야기보다는 아이들 키우고 병약하신 부모님 供養하는 그저 그런 우리 세대에서 흔히 하는 살아가는 이야기들이다. 斗酒不辭였으며 양조장집 막내아

들이었던 목사님은 사이다로 건배하고 술은 안 하지만, 동창들과의 만남은 항상 친구들의 이야기가 술잔에 쌓이고 훈훈한 이야기는 목을 타고 넘어가 몸을 덥히며 얼굴에 紅潮를 만든다.

좀처럼 약속하기 어려운 후배가 나를 술자리에 초대했다. 매일 두세 차례 메신저를 통해 대화했고 共有하는 가치들이 많아 off line 대화를 원하던 차라 두 말 않고 초대에 응했다. 누가 참석할지 모르는 상태에서 초대를 받았기에 소풍 가는 날 또는 선보는 날과 같은 설렘을 안고 약속장소에 나가 보니 참석한 사람들이 私席에서 한두 차례 만나고 이야기를 나눴던 터라 후배의 안목이 신기하기까지 했다. 후배를 媒介體로 하여 술자리에 참석한 사람들과의 대화도 그리 막히는 대목이 없었으니 類類相從이라는 말이 실감난다. 비슷한 생각을 하고 있는 사람들끼리 모였으니 그날 분위기는 술을 먹지 않아도 취하는 분위기였으므로 취하지 않으려고 무진 애를 썼으나 애쓴 보람은 없었다. 대화상대와는 취미, 연배가 비슷해야 소통이 원활하지만 가치관이나 指向點이 비슷하다면 연배의 차이는 무관한 것 같다. 그날은 대화에 취하고 분위기에 취하고 사람들의 매력에 취한 날이었다.

30년도 넘었을 어느 겨울날, 종로통 선술집에서 친구들과 세상에서 가장 아름다운 소리는 무엇인가 하며 論爭이 붙었다. 바퀴벌레가 과연 날 수 있을까 하는 논쟁만큼 가치 없는 대화이지만 사소한 일에도 목숨 거는 시기였기에 대화는 꼬리에 꼬리를 물고 계속 이어졌다.

새벽에 울려 퍼지는 종소리

계곡의 맑은 시냇물 소리

귓가를 스치는 봄바람 소리

별빛, 달빛 쏟아지는 소리

…….

…….

여러 가지 아름다운 소리에 대한 의견이 분분했으나 멀리서 들리는 여인의 옷 벗는 소리가 가장 아름답다고 他意에 의해 결론지어졌다.

우리들의 가치 없는 논쟁을 듣고 있던 옆 테이블의 얼굴도 모르는 선배가 조금은 挑戰的으로 질문했다.

"그 여인은 무슨 옷을 입고 있었던가?"

"분위기상 貢緞(공단: 두껍고 무늬가 없으며 윤기 있는 고급 비단)이어야 맞겠지요! 청바지를 입었겠습니까?"

다소 퉁명스러운 내 대답에도 불구하고 그날 우리가 먹은 술은 공짜였다. 겨울날 한복 입은 여인의 옷 벗는 소리를 들려준 대가로.

김두한 시절은 아니었으나 그 시절 종로통 분위기는 이런 낭만도 있었다. 생판 처음 보는 인생선배가 술을 사겠다고 제의해 테이블을 붙여 왁자지껄한 대화의 장이 마련되었지만, 나하고는 좀처럼 공통분모를 찾기 어려웠다. 선배가 생각했던 에로틱한 분위기인 '여인의 옷 벗는 소리'는 눈이 내리는 소리였지 실제로 옷 벗는 소리가 아니었기 때문이었다.

설야

— 김광균

어느 머언 곳의 그리운 소식이기에
이 한밤 소리 없이 흩날리느뇨

처마 끝에 호롱불 여위어 가며
서글픈 옛 자췬 양 흰눈이 내려

하이얀 입김 절로 가슴이 메어
마음 허공에 등불을 켜고
내 홀로 밤 깊어 뜰에 내리면

먼 곳에 여인의 옷 벗는 소리

희미한 눈발
이는 어느 잃어진 추억의 조각이기에
싸늘한 후회 이리 가쁘게 설레이느뇨

한 줄기 빛도 향기도 없이
호올로 찬란한 의상을 하고
흰 눈은 내려내려서 쌓여
내 슬픔 그 위에 고이 서리다

배꽃 아래 막걸리 한 잔에

　4월 중순, 어김없이 배꽃이 만개했다. 온통 하얀 꽃으로 뒤덮인 나주시 금천면은 이맘때가 가장 분주한 시기다. 웃자란 가지의 전지작업은 초봄에 시행되었으나 개화시기에 수정하지 못하면 일 년 농사를 망치기에 인공수정 하느라 배꽃 아래 움직임이 분주하다. 그 많던 벌과 나비는 어디로 갔는지, 그 자리를 중국, 베트남 외국인 근로자들이 대신하고 있다.

　벚꽃은 화려한 데 비해 하얀 배꽃은 소박하지만 들판을 뒤덮은 배꽃 풍광은 장관이다. 분홍색 복숭아꽃의 개화시기와 엇비슷해 하얀 배꽃과 군데군데 분홍색 복사꽃이 어우러져 있는 풍경은 보는 이의 정신을 빼앗기에 충분하다. 따로따로 있을 때보다 어우러진 풍경은 한 폭의 동양화와 가까워 저수지와 둠벙이 많은 이곳에서 낚시하다 보면 찌를 안 보고 아름다운 경치만 볼 정도다.

　절경의 백미는 보름달 아래 배꽃 구경을 하는 것으로 花無十日紅이라 이 시기를 놓치면 다시 일 년을 기다려야 하니 부서 식구들과 서둘러 봄꽃 구경에 나서야 한다. 옛날부터 달빛 아래 배꽃은 멋진 풍경이었던 듯하다. 고등학생 시절 모두 배웠을 이조년(1269~1343)의 시조 <多情歌>는 봄바람 난 春情을 노래한 듯하다.

> 梨花에 月白하고 銀漢이 三更인제
> 一枝春心을 子規야 알랴마는
> 多情도 病인 양하여 잠 못 들어 하노라.

위의 〈다정가〉를 굳이 풀어 쓴다면

> 배꽃에 달빛이 하얗게 부서지는 늦은 밤
> 작은 나뭇가지에 매달린 봄바람 난 내 마음을
> 짝을 찾는 소쩍새가 알 리야 없지만은
> 정이 많은 것도 병인지 잠을 이루지 못하노라

달빛 밝은 밤, 우리 처가 식구들은 배나무 밭에 모여 막걸리 한 잔씩 했다.

> 포근한 달빛이 흐르는 밤
> 배꽃과 복사꽃 어우러진 그림 아래
> 막걸리 한 잔 마시는 것은
> 분에 넘치는 인생의 사치다.
>
> 술 중에 가장 싼 술이지만
> 좋은 친구와 아름다운 풍광으로 인해

막걸리는
세상에서 가장 사치한 술로 둔갑한다.
한복 입고 가야금 뜯는 아낙 없어도
남정네들의 두런거리는 대화는
시가 되고 음악이 된다.

무릉도원은 어드메이며
젖과 꿀이 흘러넘치는 가나안은 또 어디인가
술과 꽃이 지천인 이곳이
천당과 극락이 아니겠는가.

친구들과
배꽃 아래 복사꽃 아래
오고가는 탁주 한 잔
맑게 흐르는 달빛 따라
취기가 오르고
꽃잎은 나는데
시큼털털한 사치의 밤은
속절없이 깊어만 가고
술병은 이미 비어있었다.

나주 적응기

혁신적으로 살아가야 하는 나주 혁신도시로 이사 왔다. 생활기반이 잘 갖춰져 있는 '천당 아래 분당'에 살다 나주 혁신도시로 이사해 며칠 있어 보니 이것이 진정한 생활의 혁신인 듯하다.

숙소에서는 휴대폰이 잘 안 되어 창문 밖에 손을 내밀고 전화해야 수신 안테나가 잡힌다. 마라도에서 자장면 시켜 먹고 독도에서도 통화한다고 광고한 통신회사들은 어디로 갔는지 궁금하다. 입주 시 인터넷 공유기를 별도 설치해야 한다는 이야기를 흘려듣지 말걸 하는 후회를 해보지만 받기 싫은 전화가 오면 받지 않아도 되니 마음 편한 나주 혁신도시다.

아직 사방이 공사 중인 혁신도시, 한전, 한전KDN, 우리 회사 등 전국의 혁신도시 중 가장 많은 공기업들이 이주한다는 나주 혁신도시, 공기업들은 이미 입주해 환한 불로 밤을 밝히고 있지만 공기업 건물과 숙소로 사용하는 아파트와 오피스텔 일부를 제외하고 수많은 건물들이 공사 중이다.

나주곰탕집과 홍어집이 많을 줄 알았는데 그것은 구 나주시의 이야기이며, 정작 나주 혁신도시에는 중개사 사무실과 상가 분양 사무실이 제일 많고 두 번째로 많은 것이 24시 편의점이다. 대형마트는 입점예정이고 병원과 유치원 등 기반시설들도 조만간 들어서겠지만 현재는 편의점 몇 개와 음식점 몇 개만 성업 중이다. 도로에 쌓인 건축자재를 피해 다녀야 하는 불편은 있지만 혁신도시 내에서는 내비게이션 아줌마의 종알거림이 없어도 길을 잃을 염려는 없다. 공기업 사옥들이 랜드 마크이고 눈이 내비게이션이니 이것도 혁신이다.

옷과 이불만 싸들고 빈 몸으로 왔으니 생활용품을 사야 한다. 가까운 농협 하나로 마트를 검색하니 해남 방향 10여 킬로미터 떨어진 곳에 있어 차를 몰았다. 예전 캐나다에 장기출장 갔을 때는 한국식품점에 가려면 세 시간을 차로 달려가야 했는데 이 정도는 식은 죽 먹기다.

도시와 같은 하나로 마트를 생각했는데 출입문도 쪽문 수준이고 내 방보다 2배 남짓 되는 조그만 마트다. 급한 대로 먼지 쌓인 생수와 계란, 세제, 쌀을 집어 들었다. '집에 가서 계란 프라이를 해먹어야지.' 뿌듯한 마음으로 숙소로 돌아와 프라이팬에 계란 두 개를 깨어 넣었다. 그런데 소금이 없다. "개똥도 약에 쓰려면 없다."고 집에서는 흔하디흔한 소금이 없다. 온갖 양념을 장만해 살고 있는 주부들이 위대해 보이는 순간이다. 혈압 약을 먹고 있는 나에게 가장 적합한 밍밍한 계란 프라이로 한 끼 때운다. 하지만 김병만의 〈정글의 법칙〉처럼 무인도에서 먹을거리를 득템한 듯 계란 한 판 산 것이 이렇게 기쁨을 줄지 예전에 미처 몰랐다.

숙소인 오피스텔은 아직도 부분 공사 중이라 벽을 뚫고 TV를 설치하는 작업 등으로 귀가 멍멍해 휴일에는 집에 있지 못한다. 자동차 트렁크 하나 가득 낚시도구가 항상 실려 있으므로 근처 가까운 저수지를 찾았다. 수도권에서는 입어료를 받고 있는데, 이렇게 깨끗하고 이만한 풍광의 저수지에서는 받지 않는다. 게다가 비슷한 저수지, 방죽이 지천에 깔려있다.

물안개 피어오르는 고즈넉한 저수지 가에 앉아 낚싯대 한 대 드리우니 시골 붕어가 도시 떡밥에 홀려 찌를 올린다. 시골 붕어가 수줍은 듯 찌를 올리든 말든 나주 혁신도시에서 혁신적으로 살아갈 방법을 궁리해야 한다. 하지만 계란 프라이하고 소금 사는 간단하고도 원초적인 문제이므로 머릿속도 그리 복잡해지지 않는다. 이것은 매우 마음에 든다.

집에 돌아와 샤워하며 코를 푸니 아주 깨끗하다. 그만큼 공해가 없다는 이야기다. 혁신도시 인근 돼지 폐 축사에서 악취가 풍겨올 것이라 했는데 겨울로 접어들어서인지 악취도 없고 공기 내음도 좋다. 아직 정이 붙지 않아 심란하지만 밤하늘을 보니 별이 총총 하다. 이것도 대단히 마음에 든다.

畜産業과 水産業

　전력사업처에서 담당하는 정비시장의 한계로 새로운 먹거리를 찾는 전담반이 가동되었다. 어느 누가 처장이 되어도 또 다른 부서 처장이 되어도 기존시장 공고화 및 새로운 사업 창출은 해결해야할 고민거리이다. 시장은 기술발전, 고객의 Needs, 주변여건 등에 따라 끊임없이 변화하지만 공기업은 민첩성에서 항상 뒤진다.

　그렇다고 민첩성에서 뒤지는 공기업이 항상 패배하는 것은 아니다. 민첩성이 뒤진다는 것은 그만큼 신중하고 안정성이 있다는 것과 맥을 같이한다. 과감한 투자와 신속한 결정으로 신사업에 뛰어들어 도산한 민간기업을 세기에는 열 손가락이 부족하다.

　나주에 내려와 혁신도시 가꾸기 사업의 일환으로 혁신도시 랜드 마크인 '배메산 돌보미' 사업을 우리 회사가 하게 되었다. 회사 앞에 있는 배메산 숲 가꾸기 및 호수공원 환경보호를 하게 되었는데 지역사회 봉사활동의 일환이다. 나주시장, 전남지사가 참석한 가운데 협약식 세리머니가 열리고 식목행사와 기념비를 설치했다. 우리 회사의 산과 호수가 되었으니 주위를 산책하는 직원들의 마음도 달라질 듯하다.

배메산은 영산강으로 드나들던 배들을 묶어놓았던 산이라 하여 배메산이라 명칭 되었다는 說(나주시청)도 있고 뱀이 많다고 하여 명칭 되었다는 說(지역주민)도 있지만, 인공 산이 아닌 자연 그대로의 야트막한 동산이다. 배메산 주변 호수공원은 인공으로 조성되었지만 수면적도 상당하고 수생식물이 자랄 여건이 되므로 산과 호수가 그런대로 조화를 이루고 있다.

하루는 해당업무를 주관하는 실장이 와서 농담을 했다. "처장님, 전력사업처 매출은 걱정하지 마십시오! 제가 畜産業을 시작했으니 매출 부족분을 메우도록 하겠습니다." 호수공원에 오리와 거위를 풀어 놓았더니 벌써 알을 품고 있단다. 산란을 위해 비 가리개도 설치했으니 조만간 번식하여 2마리가 10마리가 되고 10마리는 100마리가 될 테니 매출은 걱정하지 말란다. 립 서비스지만 우리 처 매출을 책임지겠다니 고마운 말이다.

사옥 내에 조그마한 인공 연못이 있다. 50평정도 규모의 연못인데 분수와 나무다리만 있고 생명체가 없으니 직원들이 가까이하질 않았다. 본사 낚시회 회원들이 잡은 붕어를 풀어놓아 지금은 100여 마리가 헤엄치고 있다. 아직 붕어들의 야성이 강해 사람이 다가가면 다리 밑으로 숨어버려 좀처럼 얼굴을 보여주지 않지만, 붕어가 있다는 소문에 점심시간이면 많은 직원들이 연못가에 나오는 사내 명소가 되었다.

연못가에서 축산업을 하는 실장과 만났다. "실장님, 나도 水産業을 시작했으니 회사 매출은 걱정하지 않아도 됩니다. 이러다가 우리 회사 주업이 3차 산업인 발전설비 정비서비스에서 축·수산업 등 1차 산업으로 되는 것이 아닌지 모르겠습니다." 말인즉 그렇지만 회사 내 연못에서 수산업을 하는 것은 불가능할 것 같아 더 이상 저수지에서 잡은 붕어들 입식은 하지 않기로 했다.

지하주차장 위에 조성된 연못이라 바닥이 콘크리트이며 이를 자갈로 덮어놓아 정화기능이 부족하여 水生生物의 서식이 가능치 않아 보였다. 담당자에게 부레옥잠을 띄워 놓으라 했다. 부레옥잠은 오염된 물에서도 번식력이 강하고 수질정화도 하는 식물이라 일정부분 효과가 있을 것이나 실증되어야 수산업의 지속여부를 판단할 수 있을 것 같았다. 점심식사 후 밥을 한 줌씩 주는데 그것을 잘 먹고 있는지도 봐야 한다. 과수나 곡식은 농군의 발걸음 소리를 듣고 자란다는데 인공 연못의 붕어들이 내 발걸음을 듣고 건강하게 번식하는지 시간을 두고 지켜봐야 한다.

비즈니스 토양이 좋지 않은 곳에서 새로 시작한 수산업이 성공 할 것인지 실패할 것인지 조심스럽게 살펴봐야 한다. 그간 우리 회사의 발전설비 정비사업은 경쟁자 없는 좋은 환경에서, 정부의 정책적 보호 아래 성장해 왔다. 기술자립의 어려움은 있었으나 Blue Ocean에서 땅 짚고 헤엄치기를 한 것이다. 하지만 신규로 시작하는 수산업은 콘크리트 바닥과 자갈이라는 근본토양이 척박하고 인위로 뿌려놓은 부레옥잠이 이론처럼 크게 번식하여 붕어들 서식여건을 만들어주고 먹이가 되는 수생생물들을 살게 해줄지 미지수이기에 조심스럽게 확장하려 한다. Red Ocean에서 시작하는 사업들은 과감한 투자보다는 가능성과 환경에 대해 실험적 접근을 하는 것도 바람직한 비즈니스 전략이기 때문이다.

새로 시작한 수산업의 성패는 적어도 일 년 동안 지켜봐야 한다. 인공 연못에서 산란하여 새끼 붕어가 생긴다면 완전한 성공을 하는 것이지만, 1미터도 되지 않는 깊이와 수생식물의 자생 가능성 등 사업 여건상 성공 가능성은 10%미만으로 보인다.

신사업개발을 위해 Task Force Team에서 작성한 보고서도 Business 환경, Risk, Value Chain 등이 면밀하게 분석되었는지, 분석결과를 토대로 시장접근을 하려 하는지 살펴봐야 한다.

* 척박한 환경에서의 수산업은 성공했다. 많은 붕어가 죽어나갔지만 다음 해 새끼 붕어 수백 마리가 헤엄치는 장관을 목격했다.

낚시꾼 이야기

선친께서는 文人들 사이에서 낚시꾼으로 유명하셨다. 김시철 시인, 소설가 곽학송, 언론인이자 소설가 서기원, 정신과 의사이자 수필가 최신해 선생님은 아버님의 낚시실력을 묘사한 글을 자주 쓰셨다. "임진수 시인은 붕어를 만들어내는 신기한 재주를 갖고 있다. 도저히 붕어가 없을 곳 같은 데에서도 꼼지락거리며 붕어를 낚는 것이 아니라 만들어내는 재주를 갖고 있다." 그러나 낚시 짐을 들어드리려 낚시를 따라가면 釣仙과 酒仙의 반열에 오르셨던 어른들은 항상 거나해지셔서 낚시하는 시간보다 취해 계시는 시간이 많았다.

대물림된 재주가 낚시밖에 없어 50여 년간을 혼자 낚시터를 돌아다니며 술 한 잔 하고 땅을 베개 삼고 구름을 이불 삼아 눈을 붙이면 붕어는 잡지 못해도 釣仙의 경지에 오른 듯 혼자만의 착각을 하게 된다. 비가 오나 눈이 오나 낚시 가면서 고기 한 마리 집에 들이지 않는 나를 보고 하숙집 할머니들은 "미칫는갑다."를 연발했다. 물 보면 마음이 안정되고 붕어를 잡기보다는 빠~알간 찌가 스멀스멀 솟아오르는 황홀한 모습을 보러 낚시 가는데 그것을 이해할 리 없는 하숙집 할머니와 집사람 눈에는 '미칫는갑다.'가 아니라 '미칫다.'라 해야 올바른 표현이었을 것이다.

인터넷을 검색해 보니 낚시에는 九釣五作位(구조오작위) 等級이 있다. 조졸, 조사, 조마, 조상, 조포, 조차, 조궁을 거쳐 남작, 자작, 백작, 후작, 공작, 그리고 조성과 조선에 이르는 것이 이른바 구조오작위이다. 즉 조졸, 조사, 조마, 조상, 조포, 조차, 조궁, 조성, 조선이 구조이고 남작, 자작, 백작, 후작, 공작이 오작위에 속하는 것인데 아마도 낚시에 미친 순서 등급일 터이다.

1) 조졸(釣卒)

행동, 태도 모두 稚拙함을 벗어나지 못한 초보단계. 낚싯대를 든 것만으로 태공인 체하다가 고기가 잡히지 않는 날은 술에 취해 고성방가 하는 것으로 화풀이한다. 기술적인 면에서 빵점이며 낚싯대를 들고 고기만 잡으면 무조건 낚시꾼인 줄 아는 부류를 조졸이라 칭한다. 이 단계에서 낚싯줄이 많이 엉키거나 바늘이 옷에 걸리거나 초리대 끝이 망가져버리는 수가 많은데, 마음가짐에 따라 낚싯대나 낚싯줄이 움직이게 되는 것이지 동작여하에 따라 움직이는 것이 아니라는 사실을 모르기 때문이다. 그러나 몇 번 좋은 수확을 거두거나 대어라도 두어 마리 낚게 되면 차츰 사람이 바뀌게 된다. 장비도 제대로 갖추게 되며 기술적인 면에 대해서도 신경 쓰게 되고 목에 힘을 주게 된다. 그리고 자신을 대단히 고상하고 낭만적인 존재로 착각하기 시작한다.

2) 조사(釣肆)

　선비 사(士)의 釣士가 아닌 방자할 사(肆)자가 붙는 단계. 대어를 한 두 번 올린 경험만으로 낚시에 대해 모르는 게 없는 듯 기고만장해 있다. "입질이 온다."라고 말해도 될 것을 "어신이 온다."라고 말하고, "고기가 잡히지 않는다."를 "오늘 조황이 별로 좋지 않다."라고 표현한다. 또한 이 단계에서는 거짓말을 밥 먹듯 하게 되는데 몇 해 전 잡은 작은 고기가 상상 속에서 자라나서 월척이 되고 4짜 급이 되는 무용담을 이야기하나 옆에 앉은 사람이 큰 고기를 잡거나 많이 잡으면 고수를 알아보고 의기소침해진다.

3) 조마(釣痲)

　홍역할 마(痲), 당구치는 사람이 100점정도 실력이 되면 천장이 당구대로 보이며 당구알이 돌아다닌다고 하는데, 낚시꾼도 조마 수준이 되면 홍역을 앓듯 밤이나 낮이나 빨간 찌가 눈앞에 어른거리고 주말에 낚시를 못 하면 한 주 내내 끙끙 앓는다. 아내의 바가지도 불사하고 친구·친지의 결혼식도 불사하고 결근도 불사하며, 휴일에 친구가 결혼이라도 하면 정강이라도 걷어차 주고 싶은 생각이 들며 절친의 결혼식이라도 장모님이 위독하다는 적당한 구실을 만들어 둘러대고는 낚시터로 간다. 비로소 낚시에 미쳤다는 이야기를 듣기 시작한다. 딸 가진 부모는 딸을 주지 않으려 한다.

4) 조상(釣孀)

과부 상(孀), 드디어 아내는 주말과부=필수, 주중과부=선택이 된다. 직장생활이 제대로 될 리 만무하며 집에 쌀이 있는지 자식이 대학에 붙었는지에 대해 무관심하며, 아내가 이혼소송을 해도 모르는 단계이다.

5) 조포(釣怖)

공포를 느끼고 절제한다. 낚시가 사업이나 인생을 망칠지 모른다는 생각에 낚싯대를 접어둔다. 아내와 자식들은 가정으로 돌아온 아빠를 기쁨 반, 우려 반으로 반기지만 글쎄….

6) 조차(釣且)

다시 차(且), 인생을 망칠지 모른다는 공포로 멀리했던 낚싯대를 다시 찾는 단계로 행동이나 태도가 한결 성숙해져 고기가 잡히건 잡히지 않건 상관하지 않는다. 낚싯대를 드리워 놓기만 하면 고기보다 세월이 낚싯바늘에 달려있음을 느끼게 된다. 고기는 방생해 줄 수 있지만 자신을 방생하지 못하는 단계이다.

7) 조궁(釣窮)

다할 궁(窮), 낚시를 통해서 도를 닦을 수 있는 수준의 단계. 낚시를 통해 삶의 진리를 하나둘 깨닫기 시작한다. 초보 낚시꾼의 때를 완전히 벗어버리는 것도 이 시기이다.

8) 남작(藍作)

쪽빛 藍 자는 좋은 또는 명문가의 뜻으로 쓰인다. 인생을 담고 세월을 품는 넉넉한 바구니를 가슴에 만든다. 펼쳐진 자연 앞에 한없는 겸허함을 느낀다. 술을 즐기되 결코 취하지 않으며 사람과 쉽게 친하되 경망해지지 않는다.

9) 자작(慈作)

마음에 자비의 싹을 만들고 거짓 없는 자연과 한 몸이 된다. 잡은 고기를 방생하면서 자기 자신까지 방생할 수 있다. 욕심이 사라지고 인생의 희로애락이 낚싯대를 타고 전해 온다.

10) 백작(百作)

마음 안에 백 사람의 어른을 만든다. 아직도 참으로 배울 것이 많으니, 인생의 지혜를 하나하나 깨우치는 기쁨에 세월의 흐름을 알지 못한다. 자연도 세월도 한 몸이 된다.

11) 후작(厚作)

마음 안에 두터운 믿음을 만드는 단계. 낚시 道의 깊이가 상당한 수준에 이르지만 결코 지혜를 가벼이 드러내지 않으며, 몸가짐 하나에도 연륜과 무게가 엿보인다.

12) 공작(空作)

모든 것을 다 비우는 무아의 지경. 이쯤 되면 이미 입신의 경지에 거의 도달한 상태. 지나온 낚시인생을 무심한 미소로 돌아보며 신선이 되는 때를 기다린다.

13) 조성(釣聖)

낚시와 자연이 엮어내는 기본원리를 터득하고, 그 순결함에 즐거워한다. 간혹 낚시를 할 경우에는 양팔 길이의 대나무에 두꺼운 무명 줄을 감아 마당 수챗구멍 근처에서 파낸 몇 마리 지렁이를 들고 집 앞의 개울로 즐거이 나간다. 아마도 중국의 제갈공명이나 강태공, 우리나라의 퇴계 이황 선생 같은 경우가 조성의 단계가 아니었을까.

14) 조선(釣仙)

수많은 낚시의 희로애락을 겪은 후에 드디어 입신의 경지에 이르니, 이는 도인이나 신선이 됨을 뜻한다. 낚싯대를 드리우면 어느 곳이나 무릉도원이요, 낚싯대를 걷으면 어느 곳이나 삶의 안식처가 된다.

몇 십 년간 혼자 낚시하는 것을 즐겼는데 본사 낚시회 회원으로 가입하게 된 것은 순전히 담당하고 있는 업무 때문이었다. 몇 년 전 본사 낚시회에서 始釣會 행사를 하면서 安全祈願祭를 지낸다기에 따라가 가입까지 하게 되었다.

기독교 母胎信仰을 갖고 있는 나는 어릴 적부터 굿판의 음식을 먹지 못했다. 동네에 굿판이 벌어지면 동네 꼬마들은 떡 한 조각을 얻어먹기 위해 몰려들지만, 나는 울긋불긋한 옷을 입고 칼을 휘둘러대며 작두에 올라선 핏발 눈매의 巫堂이 무서웠다. 어머니께서 굿판의 음식은 귀신이 맛을 보고 간다며 먹지 말라고 당부하셨기에 굿판의 시루떡 또한 구미를 당기는 음식이 아니었다. 信心이 깊지 못한 사이비 기독교 신자 입장에서도 안전기원제나 上樑式 등의 미신적 행사에 참석하는 것은 꺼려지는 일이지만, 올해도 본사 낚시회에서 올리는 안전기원제에 참석하여 막걸리를 한 잔 시원하게 들이켰다. 전 직원들의 안전을 기원하면서….

일요과부 만들기

　나이들수록 부부가 같은 취미를 갖는 것이 행복지수를 높여준다 하고 실제로 등산 · 골프 · 테니스를 같이 다니는 부부의 모습이 행복해 보인다. 하지만 부부가 같이 낚시 다니는 모습은 보기 어려운데 아마도 지렁이를 미끼로 해야 하는 것이 가장 커다란 원인이 아닐까 한다. 사실 나도 꿈틀거리고 냄새나는 지렁이를 낚싯바늘에 꿰는 것을 꺼리기에 주로 떡밥을 사용한다. 또한 붕어를 낚아 올렸을 때 손아귀에서 퍼덕대는 붕어를 통해 살아있다는 생명의 희열을 느낀다면 취미를 붙일 텐데 웬만한 여자들은 가족들을 위해 고등어 머리는 잘라도 퍼덕거리는 붕어를 손아귀에 쥐기 힘들어한다.

　선친의 釣友 소설가 서기원 선생님 부부께서는 낚시를 같이 다니셨고 사모님의 낚시실력은 경지에 이르셨다. 내가 모시고 낚시 가는 날의 점심도시락 준비는 사모님께서 하시지만 낚시터 도착 이후에는 낚시에만 열중하시고 커피 심부름, 식사준비 등은 내 몫이었다. 두 분께서 운전을 못 하셨기에 그랬는지 몰라도 일산 자택에 연못을 만들어 집에서 낚시를 하실 만큼 낚시를 좋아하시는 부부셨는데 서기원 선생님은 하늘나라에 가셔서 이제는 선친과 같이 낚시를 하실 것 같다. 어쨌거나 선생님 부부와 같이 낚시 가면 황혼의 부부가 정겹게 낚시하시는 모습이 정말로 보기에 좋았고 부러웠다.

　나주에 내려오니 낚시천국에 온 느낌이다. 10분 이내 거리에 저수지, 수로, 방죽, 둠벙이 지천이다. 낚시를 배운 지 50년이 넘었지만 나주에 내려와 평생 처음 월척을 했을 정도로 어자원도 풍부한 지역이다. 본사가 나주로 이전하느라 사내 낚시회 회원이 급감했다 하여 회원확보를 위해 사진으로 찍은 조과를 여러 명에게 보여주고 있다. 정작 내 자신은 민물고기를 먹지 않아 잡은 고기를 바로 풀어주지만 사진을 보여주며 "이 정도 크기면 붕어찜해서 먹으면 기가 막히겠다." "요놈들은 작아서 조림으로 하면 맛있겠다."며 열심히 고객 낚시질을 하고 있다. 사실 먹을 것이 풍부해진 요즈음 붕어찜과 조림으로 호객행위를 한다는 것은 잘못된 전략인지 모른다. 붕어 낚시는 체력을 단련하고 먹거리를 위한 취미활동이 아니라 정신을 단련하는 정신운동이기에 홍보활동도 고차원적으로 해야 좋을 듯하다.

　드디어 한 명이 낚시질에 걸려들었다. 가끔 따라와 내 낚싯대를 빌려 사용하던 후배가 낚싯대를 장만하겠다고 조언을 구한다. 오랜만에 등장한 고객이 불편을 느끼면 도리가 아니고 손님이 왕이니 한 세트를 세팅해서 인도해 주기로 했다. 낚시는 골프, 사이클 등 다른 취미활동과 달리 낚시용품을 구입해서 세팅하는 기술에 따라 釣果가 좌우된다. 요즈음 인터넷으로 주문하면 구하지 못하는 물건이 없으니 인터넷 주문으로 한 세트를 준비하고 낚싯줄 묶는 방법, 찌맞춤 방법 등 낚시기술에 대한 OJT를 해주었다. 진지하게 강의를 듣고 실습까지 마친 후배가 조만간 낚시를 같이 가자며 조를 기세다.

당구를 처음 배우는 시기에는 잠자기 위해 누워 천장을 보면 천장이 당구대로 보인다고 한다. 釣歷 50년의 나는 지금도 물을 보면 낚싯대를 드리우고 싶은 충동을 느끼는데 낚시를 시작하는 후배에게 낚시를 가르쳤으니 일요과부 만들기를 시작한 셈이다. 낚시 초보가 흥미를 느끼게 하기 위해서는 작은 붕어가 바글바글한 낚시터에 데려가 떡밥 반죽기술과 포인트 선정기술, 챔질 타이밍을 가르쳐 낚시의 묘미를 배우게 하는 것이다. 찌가 스멀거리며 올라오든 말든 달관의 마음을 갖게 하는 것은 내가 아니라 본인 몫이고 시간이 흘러야 하는 것이니 본인의 마음과 세월이 스승인 셈이다.

서기원 선생님 부부의 아름다운 모습을 동경하거나 일요과부가 되기 싫어 후배 사모님께서 낚시를 배우고자 하신다면, OJT 하는 것은 어렵지 않은 일이다.

낚시 이야기

비즈니스를 위해서도, 부부가 같이 운동하기 위해서도 중년이면 필수적으로 해야 한다는 골프를 배우지 못했다. 어느 해 골프스쿨에 3개월간 등록하고 골프클럽도 장만했으나 잦은 결석으로 인해 코치로부터 정중한 퇴출 요구가 있었다. "선생님은 연말연시를 피해 한가할 때 배우러 오세요." 이렇게 해서 골프와 멀어졌고 독서는 취미가 아니라 했으니 나의 소일거리는 책읽기와 끄적거리기, 민물낚시와 정겨운 친구들과 막걸리 먹기이다.

얼마 전 나주에서의 1년간 생활을 글로 썼더니 낚시회 회원인 C원장이 "낚시회 고문이면 낚시에 관한 이야기를 써야지요." 하고 농담을 했다. 오늘은 소일거리이자 취미인 낚시 이야기를 해보려 한다.

붕어가 없는 곳에서도 부스럭거리며 붕어를 만들어내는 실력을 갖고 계셨던 선친의 실력에는 비할 바 못 되지만 초등학교 입학 전 아버님 낚싯대로 낚시를 시작했으니 釣歷으로만 따진다면 50년이 넘는 신선 급이다. 나는 왜 낚시를 50년 넘게 하고 있고 낚시에서 절정의 쾌감은 무엇일까.

옛날 양반이 길을 가다 낚시꾼이 잉어를 걸고 씨름하는 것을 봤다. "이보게, 내가 쌀 한 가마니를 줄 테니 나에게 낚싯대를 넘기게." 낚시꾼은 대꾸를 하지 않고 잉어를 끄집어내려고 애를 썼다. 드디어 어린 아이만 한 잉어를 끄집어 낸 후 양반에게 "쌀 반 가마니만 주시면 잉어를 드리겠다." 했다. 양반은 "일 없네." 하면서 가던 길을 재촉했다.

낚시꾼들은 잡은 고기를 끌어낼 때 낚싯대에서 전해지는 고기의 몸부림을 최고의 쾌감으로 말하기도 한다. 나도 낚시 초보였던 젊은 시절 향어와 잉어 대물을 풀어놓은 양어장 낚시에 몰입하며 많은 돈을 갖다 바쳤다. 손끝으로 전해져 오는 原始의 몸부림을 느껴보지 않은 사람은 낚시의 쾌감을 모른다. 양어장에 대물을 풀어놓은 탓에 낚싯줄을 굵게, 낚싯대도 여러 번 부러져 낚싯대도 튼튼하고 질긴 것으로 장만하여 대물사냥에 나서곤 했다. 下手는 무조건 큰 것을 잡고 손이 아플 정도로 많이 잡아내면 그것에 만족하고 쾌감을 느낀다.

하지만 中手를 넘어가게 되면 찌 오름에서 오르가즘(낚시꾼들은 이를 농담으로 '찌르가즘'이라 한다.)을 느낀다. 찌 오름을 결정하는 요인은 찌맞춤, 수온, 기압, 미끼의 물성과 종류 등 여러 가지가 있지만 결국에는 붕어 마음이다. 일반적으로 붕어는 찌를 올리고 잉어는 찌를 내린다. 그래서 찌르가즘을 느껴야 하는 중수들은 잉어를 싫어한다. 붕어들도 체급에 따라 찌 오름이 다른데 작을수록 찌 올림이 경박하고 큰 붕어 일수록 중후하다. 하지만 월척 급 붕어의 찌 오름은 특이하다. 숨이 막힐 듯 서서히 올릴 듯 말듯 하는 조심스러운 찌 올림에 조사들은 침이 바짝바짝 마른다. 그래서 중수들은 큰 입질을 보기 위해 미끼로 옥수수나 메주콩, 대하, 송사리 등을 사용한다. 찌르가즘을 느낌과 동시에 정확한 챔질 타이밍을 잡아 대물을 건져 올리는 희열은 말로 표현하기 어렵다. 하수와는 비교할 수 없으나 대물 붕어를 노리는 중수의 낚시채비는 꽤나 튼실하다. 대물 붕어를 건져 올려야 하니 줄도 굵고 대도 질기다.

　高手가 되면 찌르가즘을 초월하고 줄이 터지지 않을 정도의 가느다란 줄을 사용한다. 일본의 낚시 소설을 보면 예전 기술이 없어 가느다란 낚싯줄을 만들지 못했던 시절에 어린 여자아이 머리카락을 이어 낚싯줄로 사용했다는 이야기가 나온다.

　가느다란 줄과 연약한 낚싯대, 초정밀 찌맞춤으로 승부를 한다지만 잡아내도 좋고 놓쳐도 무방하다. 붕어를 낚아내는 것에 초월하는 경지가 되면 비로소 고수반열에 오른 것이다.

　강한 채비로는 중수도 대물을 잡아내지만 약한 채비로는 잡아내기 어려운데 고수들은 그것을 즐긴다. 잡고자 하면 물밑의 붕어 움직임을 꿰뚫고 있으니 못 잡을 리 없지만 굳이 탐하고 싶은 마음이 없다. 이 정도 수준이면 붕어를 잡으러 낚시 가는 것이 아니라 흔들리는 마음을 추스르고 자연을 즐기러 가는 것이다. 낚시터로 들어가는 진흙길도 정겹고 이름 모를 잡초까지 예뻐 함부로 밟지 못하고 피해 간다.

　내 낚시 수준은? 50여 년의 조력을 돌이켜보면 중수의 수준에 도달한 것 같다. 골프는 스코어를 보고 수준을 가늠을 할 수 있지만 낚시는 객관적 지표가 없어 낚시꾼의 채비와 마음, 태도로 구분한다. 나는 마음만 高手 흉내를 내고 있을 뿐이다.

단순함의 美學

쇼펜하우어는 ≪문장론≫에서 다음과 같이 말했다.

읽기 쉽고 정확하게 이해되는 문체를 만들기 위해서는 먼저 '주장하고 싶은 사상을 소유'해야 한다. 문맥이 난해하고 불분명하며 모호하다는 것은 그 문장을 조립한 작가 자신이 현재 무슨 생각을 하고 있는지 모르겠다는 응석에 불과하다. 학식이 풍부한 사람일수록 쉽게 말하고 학식이 부족할수록 더욱 어렵게 말한다. 따라서 위대한 작가들은 다량의 사상을 표현하기 위해 소량의 언어를 사용했다.

회사 내에서 각종 보고서를 쓰다 보면 쇼펜하우어의 말에 공감이 간다. 신입사원 시절 보고서는 장황하기 이를 데 없고 경력이 쌓여감에 따라 간결하게 요점정리가 되어있다. 보고서는 내가 보기 위한 것이 아니라 남을 설득하는 용도로 사용되는 경우가 많기에 쉬운 내용으로 짧으면 짧을수록 잘 썼다는 평가를 받을 텐데 짧은 한 문장, 한 페이지 만드는 것이 결코 쉽지 않은 작업이며, 어떤 날은 한 문장 갖고 한나절을 씨름하는 경우도 있다. 이런 날은 쓰던 보고서를 접고 글

쓰는 재능이 없음을 탓하며 막걸리 한잔하는 것이 생산적이다.

　단숨에 글씨나 그림을 훌륭하게 쓰고 그리는 것을 一筆揮之라고 한다. 물론 정성들여 오랜 시간 써 내려가 명작을 만드는 경우가 대부분이지만 일필휘지로 미학을 만들어내는 작가도 있다. 영화 ≪취화선≫의 주인공, 장승업이 대표적 인물이 아닌가 한다. 〈어쩌다 어른〉이란 TV 방송에서 보여준 〈파초〉라는 작품은 간결하고 단순하게 표현했고 붓놀림에 거침이 없어 아마 한 시간도 되지 않아 완성되었을 듯하다. 천부적 재능도 있었겠지만 고수가 되기까지 얼마나 많은 노력을 했는가는 미루어 짐작할 수 있다.

　나는 회사 보고서를 포함해 어떤 글이든 읽는 사람이 쉽게 이해할 수 있는 글이 잘 쓴 글이며, 작가의 생각과 의도가 정확히 전달되었다면 더욱 잘 쓴 것이라고 생각한다. 주관적 판단이지만 잘 쓴 글을 보면 한 폭의 그림이 연상된다. 박경리 선생님의 ≪토지≫가 그렇고, ≪김약국의 딸들≫을 보면 등장인물의 옷차림, 표정, 심리상태, 배경까지 활동사진을 보는 듯한 착각에 빠지게 된다. 장편소설이지만 묘사는 단순하고 간결하다. 길고 장황하게 설명하지 않았는데도 시대상과 등장인물에 몰입하게 되니 대단한 표현력이다.

　또한 잘 그린 그림을 보면 많은 이야기가 연상된다. 드라크루아의 작품인 〈민중을 이끄는 자유의 여신〉, 미술도록에서만 보던 명화를 직접 봤다. 한 장의 그림에 1830년 7월 28일, 샤를 10세의 절대주의 체제에 반대하는 파리 시민들의 7월 혁명 중 가장 치열했던 7월 28일을 그리고 있다. 풍만한 가슴을 드러낸 여인이 삼색기를 들고 혁명을 이끌고 있다. 불에 타는 파리와 매캐한 연기로 뒤덮인 하늘, 노동자, 농민이 무기를 들고 시체와 바리케이드를 넘는 명화. 여인이 들고 있는 삼색기는 자유, 평등, 박애를 나타내고 있고 총을 든 어린 소년은 프랑스의 미래이다. 한 폭의 그림으로 당시대의 치열한 사회상과 혁명의 목적과 가치, 프랑스의 미래를 그려냈으니 얼마나 위대한 작품인가.

폴란드 학자 샤르비에브스키는 세상의 모든 것은 모방이고 詩만이 창작이자 창조이며 詩만이 시인의 상상력으로 無에서 有를 창조한다고 주장했고, 쇼펜하우어가 "위대한 작가들은 다량의 사상을 표현하기 위해 소량의 언어를 사용했다." 하니, 소량의 언어만을 사용하는 詩를 보면 단순하고 간결함의 아름다움을 쉽게 찾을 수 있을 것이다. 인터넷을 검색해 보니 세상에서 가장 짧은 시는 프랑스 작가 쥘 르나르의 〈뱀〉이란 제목의 시로 "너무 길다."이다. 노벨문학상까지 받은 르나르에게는 미안하지만 샤르비에브스키가 주장한 '시는 창작이자 창조'라는 말에 동의하기 어렵고 단순함의 미학도 발견하지 못하겠다.

널리 알려진 나태주 시인의 시 〈풀꽃〉을 보면 시를 모르고 싫어하는 사람이라도 '단순함의 미학'을 느낄 수 있다. 어떻게 짧은 세 줄짜리 시가 크고 긴 여운을 줄 수 있을까. 군더더기로 치장하고 예쁘게 보이려 미사여구를 덧붙였다면 拙作으로 평가되었을 것이나 작가가 지극히 精製된 言語로 魔術을 부린 탓이다. 예쁘고 사랑스러운 대상이 풀꽃일 수도 있고 초등학생일 수도 있으며 주변에 널려 있는 작은 행복일 수 있으니, 읽는 사람이 사고를 무한정 확장할 수 있는 예쁜 시이다.

자세히 보아야 예쁘다
오래 보아야 사랑스럽다
너도 그렇다
　　－ 나태주 〈풀꽃〉

　내 유일한 야외 취미활동은 민물낚시이다. 초보시절, 많이 잡으려 또는 커다란 물고기를 잡으려 노력했지만 이제는 어떻게 하면 멋진 찌 올림을 구현할까 고민하고 연구한다. 큰 것과 많이 잡으려는 욕심에 낚시 프로와도 같이 다녀보고, 책 보고 공부하여 물려받은 선친의 낚시채비를 신식으로 바꾸는 등 복잡한 과정을 거쳤지만 결국에는 '단순함'으로 돌아왔다. 바늘도 2개에서 한 개로, 낚싯줄은 가늘게, 봉돌은 여러 개를 다는 분납채비에서 한 개로, 찌는 저 부력으로, 낚싯대는 긴 것보다 2칸짜리로 하니 채비가 간단해졌다. 단순화하다 보니 어렸을 적 釣仙 급이셨던 선친의 낚시채비와 유사해졌는데, 유행도 돌고 돌아 제자리로 오듯 내 낚시도 50년 세월을 굽이굽이 돌아 단순함으로 돌아왔다.
　우리의 삶도 담백하고 단순함으로 돌아오면 얼마나 아름답고 행복하겠는가.

신이 손을 내밀 때까지

나는 어려운 문제에 봉착할 때마다 나 자신은 물론 직원들에게 이렇게 말한다.

신이 손을 뻗어 도와주고 싶을 정도로 일에 전념하라. 그러면 아무리 고통스러운 일일지라도 반드시 신이 손을 내밀 것이고, 반드시 성공할 수 있을 것이다.

개인적으로 존경하는 일본 經營三神 중의 한 분인 이나모리 가즈오 교세라 회장의 저서 ≪왜 일하는가≫에 나오는 대목이다. 일본인이 쓴 글이라 그런지 일본인의 정신이 느껴지는 듯한데, 명문 와세다 대학이나 동경대를 나온 수재도 가업인 오뎅집과 스시집을 3대, 4대째 이어가기 위해 전념하는 일본다움이 묻어나는 글이다.

우리나라에도 비슷한 말이 있다. 至誠이면 感天이라는 말은 정성이 지극하면 하늘도 감동하게 된다는 뜻이다. 또 盡人事待天命이라는 말도 있다. 사람으로서 할 수 있는 일을 다하고 나서 결과는 하늘의 순리에 따르는, 즉 천명을 기다린다는 뜻인 것은 누구나 알고 있다. 지성을 다하거나 진인사대천명 하는 모습은 어떠한 모습일까 하고 눈을 감아본다. 할 일을 다하고 하늘의 순리를 기다리는 사람은 나무 그늘 아래 편히 앉아있지 않을 것 같다. 비가 오지 않아도 농사를 지어야 하므로 밭고랑을 내고 난 후 얼굴은 땀과 먼지로 범벅되었지만 파란 하늘을 정면으로 응시하며 비가 오기만을 간절히 바라는 농부의 모습일 테고, 신이 손을 내밀 때를 기다리는 모습이 아닌가 한다.

영광 3발전소 소장, 발전처장을 역임하셨던 한수원의 故 김현수 처장님께서 자주 말씀하신 것은 "주어진 시간에 최선을 다한다."였다. 발전소 오버홀이라는 대공사를 하는데 나에게 주어진 역할이 작으면 어떤가. 내가 하는 일은 작은 밸브 패킹을 교체하는 일이라도, 볼트를 조이는 자잘한 일이라도 내 능력으로 할 수 있는 만큼 주어진 시간에 최선을 다한다면 보람 있는 일이며 회사를 위하고 나라를 위하는 일이라고 자각한다면 어떤 일이든 소중한 일임에 틀림없을 것이다. 청소하는 것이 지구의 한 귀퉁이를 쓸고 있는 것이듯, 내가 하고 있는 일은 터빈 볼트를 조이는 일이지만 전기를 만들어 산업의 쌀이라 하는 반도체를 만들고 쇠를 만드는 소중한 일이다.

후쿠시마원전 사고 후 원전복구를 위해 퇴직 근로자가 발전소로 향하고 아내가 배웅하는 신문기사를 읽은 적이 있다. 無名의 근로자는 운전원이 아니라 정비원이라고 짐작되어 동료의식을 느끼며 가슴이 뭉클해지고 콧등이 시큰함을 느꼈다. 前代未聞의 사고로 死地임을 알면서도 발전소로 향하는 남편과 無事歸還을 기원하는 아내의 모습에서 최선을 다하고 신의 손끝을 기다리는 모습을 볼 수 있다. 국적을 떠나 발전소 경력으로 치면 그분은 선배임에 틀림없다. 목숨 거는 고통스러운 길임을 알면서도 떠나는 선배님에게 신께서 필히 손끝을 내밀어 주시길 간절히 기도했다. 또한 선배님에게 어떠한 난관이 있어도 굴하지 않고 당당하게 맞서는 한국인의 정신을 알려드리고 싶었다.

후쿠시마원전 사고 후 회사 경영여건이 어렵다. 사고가 발생했다고, 사업이 어렵다고, 환경이 열악하다고, 고객이 내 맘 같지 않다고, 연구성과가 나오지 않는다고 난관을 피해 갈 수 없으며 어렵다고 남에게 미룰 수 없다. 위기를 회피하려 꼼수를 쓰다가는 빠져나오지 못할 수렁에 빠지기 쉽다. 사막의 땡볕에서 몸에 그늘을 만들기 위해 얼굴을 햇볕으로 돌리는 낙타처럼 위기에 맞서는 사람들이 많아진다면 신은 반드시 손끝을 내밀어 주실 것이고 성공이라는 선물을 주실 것이다.

左遷인가 榮轉인가

崔씨가 옹고집이라지만 林씨도 만만치 않아 CEO와 여러 가지 사안에서 불화가 생겼다. 인사이동 수개월 전 'CEO가 손을 보겠다.'는 시그널이 접수되어 본사를 떠나기로 마음먹었기에 차근차근 주변을 정리해 나갔다. 새로 담당하게 될 조직이 적자상태라 원인과 문제점을 분석하고 운영방향과 전략을 수립하는 한편, 나주를 떠나면 먹어보기 힘든 홍어삼합도 먹어보고 휴일에는 그간 봐두었던 낚시 포인트에 가서 열심히 낚시했다. 선후배들과 수차례의 송별식을 했고 마지막으로 회사 연못에 풀어놓은 붕어들에게 먹이를 잔뜩 주었다.

사실 본사 처장은 사업소 처장보다 막강한 권한을 갖고 있다. 예하 사업장을 관장해야 하니 많게는 2,000여 직원을 관리해야 하고, 매출 4,000억 원이니 중견기업을 능가하는 규모의 사업을 운영해야 한다. 본사 처장을 하다가 GT정비기술센터로 자리를 옮겼다. 매출이 200억도 되지 않고 직원도 100명이니 규모와 권한으로 보면 이번 인사에서 나는 좌천된 것이 분명하다.

타고난 역마살로 몇 년 전부터 본사를 떠나려 했으며 생소한 업무와 새로운 도전은 몸에 익숙해 있으니 오히려 좌천이 고맙기도 하다. 주거지 이동의 불편함이 따르는 것은 사실이나 이제는 낯선 것과 친해지려는 노력이 필요한 시점이다.

친하게 지냈던 몇몇 처장들도 멀리 모로코로 갔고, 누구는 원치 않은 임지로 갔다. 그중 K처장은 입사동기이고 신입사원 시절 같은 부서에서 근무했기에 형제처럼 마음이 잘 맞았고 업무능력도 탁월했다. 내가 인천으로 발령 난다는 소문이 돌자 집 근처로 가는 것이니 영전해서 좋겠다며 축하인사를 하러 왔다. K처장도 사업소로 보낸다는 이야기가 나돌자 주위에서 본사에 남아있을 수 있도록 임원들에게 사정해 보라고 권했지만 "잘못한 것도 없는데 무슨 사정을 해야 하나. 샐러리맨이 발령 나면 임지로 가는 것이지." 하면서 일축했다. 올곧고 씩씩한 K처장은 부임하기도 전에 발주처에서 승용차를 한 대 사줬다고 사진을 보여줬다.

"K처장, 잘했어. 굴하지 않는 생활을 했으니 영전이라 생각하면 되고 임원들에게 보직 사정하러 다니면 존경하던 후배들이 실망한다. 당신이나 나나 어느 보직을 줘도 충분히 감당할 수 있고 또 우리 같은 사람도 있어야지 회사 내 음양의 조화가 맞는다. 게다가 기사 딸린 승용차도 주지, 발전소 내에 한국인이 운영하는 식당에서 세 끼 해결해 주지, 해외수당도 받고, 게다가 싫은 얼굴 안 봐도 되니 영전 중의 영전이다. 가족들과 떨어지는 것이 문제이나 이곳 나주에 있을 때도 2~3주에 한 번씩 가족을 봤는데 기간만 조금 늘었을 뿐이니 그것만 참으면 된다. K처장도 영전이니 잘되었다."

지난 2년 동안 전공과 무관한 것은 둘째 치고 생소하기만 했던 각종 소송으로 인해 많은 공부를 했다. 막걸리 한잔할 때면 "간통사건 빼고는 모든 케이스의 소송을 하고 있다. 송사를 하려면 변호사를 찾지 말고 나에게 자문을 구해라." 하고 농담했지만 지루하게 이어지는 소송과 민원으로 심적 부담이 많았던 것은 사실이다. 주위 동료들은 힘든 일을 내려놓았고 많은 사람들이 가고 싶어 하는 사업장이며 집 근처로 가니 영전이라 하지만 영전은 아니다. 하지만 나주 본사에 근무하다 인천에 온 내 자신도 좌천이라 생각하지 않는다. 100명의 식구들과 어떻게 하면 출근하고 싶은 사업장을 만들 것인지 고민하면 되니 고민의 폭과 깊이가 줄었다. 사무실 창밖으로 서해바다이다. 갈매기 날고 어선이 오가며 멀리 영종대교도 보이니 눈과 마음까지 시원하며 물 좋아하는 놈이 물 많은 곳에 왔으니 몸과 마음이 영전이다.

Gas Turbine 발전기 수리, 부품재생과 생산을 담당하는 GT정비기술센터가 전력산업과 국가경제에 기여한 공은 지대하다. 외국산 부품을 국산화에 성공하니 제작사에서 납품가격을 대폭 낮추었고, 외국인 기술자들이 하던 업무를 우리 직원들로 대체하여 엄청난 외화유출을 예방했다. 현재는 세계경제 및 국내경제 침체로 인해 전력예비율이 높아 발전단가가 높은 가스터빈 발전소가 정지하고 있기에 덩달아 사업이 축소되었지만, 2018년부터는 완만한 회복세를 보일 것으로 예측된다.

경기가 회복되고 발전소 가동률이 높아지면 예전처럼 불이 꺼지지 않는 공장이 될 것이다. 정체기를 맞고 있는 이때 미래를 준비하고 제2의 부흥기를 위해 어떤 그림을 그릴 것인가 고민해야 하니 중요한 시기이고 중요한 업무를 담당했으니 좌천 아닌 영전이다.

좌천이 아니라 영전이라 하면 CEO가 기분 나쁠 수 있으나 거기까지 신경 쓸 필요는 없다. 하지만 어떠한 자리나 직위도 소중하지 않은 것이 어디 있으랴. 청소하시는 분도 지구의 한 귀퉁이를 깨끗하게 하고 있다는 자부심으로 청소한다면 얼마나 소중하고 복된 직업인가. 얼굴을 찡그리며 있는 힘을 다해 돌을 다듬는 석공은 등뼈가 휠 정도로 어렵고 힘든 직업이라 생각할 것이고, 노래 부르며 행복하게 돌을 다듬는 석공은 성모 마리아를 모실 위대한 성당을 짓고 있는 사람이다. 어느 자리, 어느 장소의 문제가 아니라 자기 자신에 대한 존재의 의미와 행복해질 수 있는 일을 찾는 것이 중요하다. 손에 쥐고 있는 한 줌밖에 되지 않는 권력의 크기로 좌천과 영전을 따지는 것은 부질없는 일이다.

지난 2년 동안 형제같이 지냈던 송변전 노동조합위원장 협의회 의장인 박래원 위원장이 고맙게도 축하 난을 보내왔다. 분홍색 리본에 쓰인 '祝 榮轉'이란 단어는 내가 좋은 자리로 갔다는 뜻이 아니다. 단어의 속뜻은 박 위원장님과 나만이 알고 있는 의미이다.

선배 노릇

입사했던 동기들은 반도 남지 않았다. 공기업 특성상 이직률이 낮으나 입사 30년이 지나다 보니 반도 남지 않았고, Baby Boom 세대가 본격 퇴직하는 요즈음에는 동기인원 감소현상이 심화되었다. 본격적인 정년퇴직이 시작된 것이다. 나이가 두 살 많은 동기들은 퇴직하고 나는 60세 정년퇴직이 법제화되는 혜택으로 2년의 연장시간을 부여받았는데 앞으로의 시간은 엄청 빠르게 흘러갈 것으로 생각된다.

강산이 세 번이나 바뀌었으니 벌써 까마득한 옛날이 되었다. 제대 후 취업준비 할 때 처음으로 직원 모집공고를 낸 것이 우리 회사였다. 경험 삼아 시험에 응시한 것이 합격했고 당시 부친께서 사회부 기자를 시켜 우리 회사를 조사했더니 괜찮은 회사이며 게다가 공채 1기라는 프리미엄이 있고 급여는 당시 국내에서 7위 권정도의 회사라 했다.

사실 입사해서 한 달에 노란 현금봉투를 4번 정도 받았다. 월급, 900 프로 보너스, 식비, 시간 외 근무수당 등 네 번의 봉투를 받으니 주머니가 항상 두둑했다. 신입사원 첫해 연봉 천만 원으로 당시 부산 해운대 13평 아파트가 오백만 원 할 때니 아파트를 두 채 살만한 큰돈이었지만 발전소 앞 술집 주인은 그 돈으로 빌딩을 지었다.

요즈음 후배들에게 돈을 보고 일하지 말라고 한다. 재테크에 성공하지 못한 내가 후배들에게 할 소리는 아니며 자격이 없는 것은 사실이다. 풍요로운 삶을 살기 위해서는 돈이 있어야 함은 물론이나 내가 직원이었을 때는 많은 월급에 홀려 일을 했기에 직업·직장 선택의 폭이 좁아져있었다. 그렇다. 나는 젊은 시절 돈에 눈이 멀어 일을 했던 것을 후회하고 있다. 최근에서야 철이 든 나는 재테크에 재능이 없다는 것을 깨닫고 축재에는 일체 관여하지 않는다. 대신 새롭게 시작한 인생 공부, 수도승이나 철학자가 되려는 것은 아니지만 어떻게 살아야 하는가, 공부하고 있다.

후배들에게 뭔가 보람을 느끼는 삶을 만들기 위해 노력해야 한다고 말을 한다. 관행적으로 일하고 피동적으로 지시된 업무만 해서는 절대 보람을 느낄 수 없다는 것이나 본인 의식부터 개혁해야 가능한 이야기이니 쉬운 것은 아니다.

"무엇 때문에 일하는지 가끔 막막합니다." 후배들이 사무실로 찾아와 고민 상담하거나 막걸리 한잔할 때 뜬금없이 던지는 질문이다. 가족을 위해? 영화 ≪국제시장≫에서 주인공 덕수가 그랬듯 사실 내 연배의 많은 사람들은 가족을 위해 일했고 헌신해 왔고 지금도 그렇다.

자신을 위해서도 일해야 하는데 가족만을 위해 희생한다고 생각하면 일하는 재미가 반감되고 아침에 눈뜨면 기계적으로 출근하는 쳇바퀴 인생이 되기 쉽다. 이나모리 가즈오 회장님처럼 업무를 인격 수양하는 수도의 과정으로 본다면 문제없지만, 그는 '살아있는 경영의 신'

이니 가능한 것이고 일반인이 그 정도 반열에 들기는 어려운 것이 사실이다. 목표를 세워 업무하고 공부한다면 막막함이 어느 정도 해소될 것이다. 직장인도 끊임없이 공부해야 하므로 현재 업무와 연관성 있는 자격증 취득을 목표로 하여 업무한다면 업무의 질도 높아질 것이고 자격증 취득이라는 목표도 이룰 수 있을 것이다. 한두 번 하다 보면 공부에 취미가 생겨 업무성과도 높아지고 아이들도 부모를 본받아 책을 보게 되니 아이들이 우등생이 되는 것은 부수입이다.

사실 후배들의 "무엇 때문에 일하는지 가끔 막막합니다." 하는 말은 행복하고도 배부른 고민인지 모른다. 직장을 다니지 않으면 막걸리 먹을 돈도 없고 그런 고민할 정신적인 여유도 없다. 하지만 배부른 고민이라도 하는 후배들이 대견하다. '배부른 돼지'가 아니라 '배부른 소크라테스'가 되어간다는 것이 얼마나 대견한 일인가.

막막함은 자아를 찾아가는 하나의 과정이고 성숙의 단계가 아닐까 한다. 막걸리 한잔 나누는 동안 막막함이 풀리는 것은 아니지만 고민을 들어주는 것만으로도, 상대방의 막걸리 잔을 채워주는 것만으로도 고민이 해결된 듯한 착각이 들게 만들어준다. 나는 단지 막걸리 한 잔 따라주고 고개만 끄덕거려 주면 된다. 유능한 정신과 의사가 말을 하기보다 환자의 이야기를 들어주고 말을 많이 하도록 맞장구쳐 주는 것처럼 "막걸리 한 잔 해?"

선배 노릇하고 선배대접 받도록 30년을 버텨온 나의 유일한 무기다.

싸움닭 (鬪鷄)

　　총공사비 1,400억 원 중 우리 회사 몫이 283억 원인 아시아 최대 규모 영월태양광발전소 건설공사가 종료된 지 2년이 지났지만, 시행사에서는 아직 공사비 80억 원의 지급을 미루고 있어 공사대금 지급소송을 진행하고 있다. 자재 납품업체가 인증서를 위조하여 형사고발했고 해당업체에서는 자재대금 청구소송을 제기했다. 공사기간 중 설비를 손상한 업체에 대해 복구비용 청구소송을 하는 등 크지 않은 공사지만 대추나무에 연 걸리듯 송사가 많다. 그중의 압권은 하도급 업체가 불공정행위를 했다 하여 우리 회사를 공정거래위원회에 고발한 것이다. 공정위에 고발 전 하도급업체는 공사대금 27억 원을 요구했으나 우리 회사는 옆 공구 정산액 기준으로 5.3억 원을 제시했다. 합의하기 위해 수차례 협의했지만 금액 차이가 커서 합의하지 못했다.

　　상대 회사가 주장하는 27억 원도 납득하기 어려웠지만 공기업 간부 출신인 상대회사 대표의 협상태도도 문제가 있었다. 공정위 조사결과 우리 회사가 벌점을 받게 되면 입찰 제한조치로 공사수주를 못 할 것이고 회사 신인도에도 불리할 것이며 벌과금으로 수억 원을 내야 하니 백기를 들라는 식의 태도는 협상이 아닌 협박에 가까워 절대 수긍할 수 없었다. 정당하게 27억 원을 받아야 한다면 명확한 근거를 대야 하지만 몇 차례의 협상과정에서 요구금액이 20억 원까지 내려갔으니 역설적으로 이는 정당한 금액이 아니라는 것을 반증하는 것이다. 공기업에서는 근거 없는 돈이라면 10원도 지불할 수 없다는 것을 알고 있으면서도 무리하게 요구하는 상대방과 무의미한 협상을 계속할 이유가 없어 협상결렬을 선언하고 正攻法을 택하기로 했다.

사실 정공법을 택한 것에 대한 심적 부담이 컸다. 부임 전 발생된 사안이지만, 우리 처 잘못으로 인해 회사 전체가 입찰 제한조치를 받게 된다면 그에 대한 책임문제는 둘째 치고 막대한 매출손실이 발생될 수 있기 때문이다. 법무팀과 업무담당자들 노력으로 9개월여에 걸쳐 공정위 조사를 받은 결과 다행스럽게도 우리 회사가 위법적 요소는 있으나 의도적으로 법을 어기지 않았다고 판정되어 벌과금 없이 벌점만 부과되었다.

상대방이 할 수 있는 조치는 재조사 요구, 헌법소원, 민사소송인데 공정위의 재조사는 동일사안이라 상대방이 유리하지 않을 것이고, 헌법소원은 예상되지 않으나 민사소송은 예상되며 해당업체가 소송을 준비하고 있는 것으로 소문났다. 민사소송은 내가 바라던 바였는지 모른다. 서로의 잘잘못을 따져 판결결과에 따라 우리 회사가 당연히 지불해야 한다면 하도급 대가로 100억 원도 줄 수 있지만 상대방을 겁주기 위해 공정거래위원회에 제소한 것은 사업파트너로 인정하기 어려운 일이다. 더군다나 상대기업은 이전 다른 공사를 수행하며 우리 회사에 지급해야 할 50억 원의 공사비를 5년 넘게 미루고 있는 기업이니 흔히 이야기하는 기업윤리는 어디로 갔는지 궁금하다.

형사고발과 민사소송, 공정위제소까지 정공법을 택해 대처하니 본 건으로 인해 관련업계에 우리 회사가 만만한 공기업이 아니라는 소문이 났다는데 차라리 소문이 나려면 과장되게 났으면 좋겠다.

잡음을 없애기 위해 어물쩍 상대방의 요구를 무마하는 기업이 아니고 정당하지 않은 사안에 대해서 싸움닭 같은 기질이 있더라. 물렁하게 봐서는 뼈도 추리지 못하겠더라. 싸움닭은 발에 날카로운 칼을 매달고 싸워 한 마리가 숨을 거두기 전에는 싸움이 끝나지 않는데 알고 보니 한전KPS가 사나운 싸움닭이더라. 섣불리 건드렸다가는 죽을 수도 있으니 조심해야 한다.

9개월여에 걸친 지루한 싸움의 1막이 끝났다. 아직도 소송 4건이 진행 중에 있고 아마도 2건의 추가소송이 예상되는데 마무리 되려면 최소 2년 이상 소요될 듯하다. 이제는 만성이 되어 그런지 웬만한 건으로 소송한다 해도 가슴을 쓸어내리지 않는다. 단지 귀찮을 뿐이다.

여러 현안들로 인해 술맛도 잃어 막걸리를 사겠다는 동료들과의 약속을 모두 미뤘는데, 오늘은 좋은 결과를 이끌어낸 용감한 싸움닭들과 막걸리 한잔하려 한다.

또 하나의 鐵침대

 퇴직 즈음이 되니 내려놓고 가야 할 부분이 많다. 나는 현장근무보다 본사 근무기간이 길었다. 물론 실패도 있었고 성공도 있었지만 회사 내 기술과 관련한 대부분의 정책에 관여했다고 할 정도로 기획업무를 많이 했는데, 이는 새로운 개념과 패러다임을 많이 도입했다는 이야기와 같다. 하지만 내 자신이 기존의 틀과 형식을 징그럽게 싫어하고 거부하면서 새로운 패러다임을 도입했다 하나 이것이 또 다른 형식의 제도와 틀을 만든 것인지도 모른다.

 새로운 틀의 교육훈련정책과 기술개발정책은 당시에는 신선한 반향을 일으켰다. 외국산 교재를 번역하여 교육을 시행하던 체제를 부정하고 새로운 커리큘럼을 개발했다. 우리나라 공교육을 받고 입사한 직원들이 알고 있는 지식수준과 '외제 커리큘럼'에서 전달하고자 하는 지식수준이 달랐기 때문이다. 당시 미국에서는 고등학생들이 인수분해를 배웠는데 우리는 미적분을 배우고 입사했으니 다를 수밖에 없다. 미적분에 통달한 직원들에게 인수분해를 가르친다는 것은 연수원이 인재를 만드는 것이 아니라 바보 만들기를 하고 있는 셈이니 바꿔야

했다. 연수원 교수들이 무엇을 가르쳐야 할까. 간단하다. '현장에서 필요로 하는 지식-학교에서 습득한 지식=연수원에서 가르쳐야 할 지식'인 것이다.

산식으로 표현하면 초등학교에서 배우는 빼기인데 과정은 순탄치 않다. 현장에서 정비에 필요한 지식을 분석해야 하고 학교에서 배운 지식도 파악해야 한다. 그렇다고 미분방정식과 같이 범용되지 않는 이론은 가르칠 필요가 없으니 커리큘럼을 개발하기 위해 공대와 공업고등학교 교과서에 대한 공부와 분석을 시행했음은 당연하다.

기술개발정책도 연구를 위한 R&D를 배격하고 판매 가능하고 현장에서 활용 가능한 결과만 도출하는 'R&BD' 개념을 도입했을 때 비판의 목소리가 많았던 것이 사실이다. R&D 효율을 높이고자 '중간진입전략'을 도입했을 때도 마찬가지였다. 짧은 한 줄에 지나지 않지만 연구조직에서 보면 태산보다 무거운 짐이자 부담되는 사건이다. 일부 연구원들은 연구를 빙자해 학위취득을 위한 논문을 쓰고 있는 것도 사실이었으니 반발이 있었다. 하지만 기업의 연구결과는 매출과 연결되어야 한다는 간단하고 단순한 명분과 논리가 만들어지면서 반발을 잠재웠다. 그러기에 모든 전투에서 이기려면 그 누구와 논쟁을 벌여도 깨지지 않을 만한 굳건한 명분을 바로 세워야 한다. 학술적 연구는 국책연구기관과 학교에서 수행하고 사업화연구는 기업이 지향해야 하는 방향이 분명함에도 우리 회사 R&D 정책방향과 전략이 모호했던 것은 사실이다.

1990년대 말 산자부 주관으로 원전기술 고도화계획을 수립할 때,

산자부에서 대학교수들에게 용역을 주어 원자력 분야 운영기술을 어떻게 발전시킬 것인가 연구했는데 결과가 실천적이지 못했다. 산자부에서 전력그룹사로 검토 의뢰하여 전력그룹사 TF에 참석하게 되었다. 고도화계획의 콘셉트를 잡는 데 오랜 시간이 소요되었지만 결론은 실용화기술을 어떻게 개발하고 고도화시킬 것인가였다.

과기부가 R&D 자금을 주관하고 있지만 산자부의 불만은 현장적용을 하지 못하는 기초연구결과만 양산하는 것이었다. 물론 기초과학연구가 필요 없다고 폄하하는 것이 아니라 기초연구를 토대로 어떤 실용기술을 개발할 것인가에 대해 고민해야 하는데 현실은 달랐다. 현장경험이 풍부한 사람들은 연구개발능력이 부족하고 연구경험이 풍부한 사람들은 현장적용능력이 부족한 시기였다. 현재는 학교에도 실무와 연구능력을 겸비한 교수들이 많아 실용화기술을 개발하여 벤처기업을 만들고 성공하는 사례가 많지만 당시 상황은 달랐다. 산자부가 만족하고 칭찬한 계획은 실행에 옮겨져 전력 그룹사에 많은 R&D 자금이 지원되었고 개발 즉시 현장적용 가능한 기술들이 쏟아져 나왔다.

안전관리정책 또한 기존의 무조건적인 무재해 달성이라는 개념을 부숴버렸다. 입으로는 무재해를 표방하고 있지만 매년 20명이 다치거나 사망하는 현실인데 말로만 '무재해를 외친다는 것은 무의미하기까지 하다. 창사 이래 발생된 500여 개의 안전사고 사례를 심층 분석한 결과, 우리 직원과 외부인력의 사고비율이 반반이었으므로 지속적 교육과 보완이 가능한 직원에 대한 산재예방은 가능하나 법정교육만 건성으로 이수하고 투입되는 외부인력에 대한 무재해는 불가능하다고 결론 내렸다. 대신 피할 수 있는 재해를 예방하는 차원의 '3대 재해 근절'을 기치로 내걸고 재해를 줄이는 쪽을 선택했다.

실천적 방안이 제시되고 난 후 재해인원은 10명 이하로 줄었고 적게는 재해인원이 3명인 사례도 있었다. 매년 20명의 산재환자 발생에서 3명으로 사고가 감축되었으니 성공한 정책 중의 하나이다.

세 가지 사례를 들었지만 후배님들은 내가 만든 패러다임을 뛰어넘는 새로운 역사를 써야 한다. 물론 나보다 더 많이 공부해야 하며, 이제는 나를 밟고 가는 정책의 개념과 논리를 개발해야 한다. 세계 제일의 연수원이라는 캐나다 브루스원자력연수원에 3개월간 출장 가서 매일 밤늦게까지 끝장 토론을 했다. 그곳 설비와 교재를 카피해서 똑같은 연수원을 만들자는 손쉬운 주장도 있었지만 2개월이 지나자 본질을 파악했다. 즉 우리 현장에서 요구하고 필요한 내용을 가르치는 연수원을 만들어야 한다. 브루스원자력연수원이 세계 제일의 연수원이라고 명성을 얻은 이유가 바로 이것이라는 것이었다. 어떤 문제를 풀기 위해서는 본질을 파악해야 근본적인 원인이 제거되고 임시방편적인 정책이 만들어지지 않는다.

지난 기간 기존의 틀을 거부하며 완벽하고도 새로움을 창조하는 기획업무를 했다 하지만 이것 자체가 자기 주관에 맞는 제도와 틀을 만들어 다른 사람의 발을 절단하는 '프로크루스테스의 鐵침대'를 만든 것이 아닌지 고민되는 부분이다. 기존의 관념과 자기 주관을 뛰어넘는 새로운 패러다임을 만들기 위해서는 끊임없는 공부가 필요하며 욕심을 내려놓아야 한다.

좋은 음식 순댓국

순댓국은 예나 지금이나 서민들 음식이다. 적은 돈으로 배불리 먹을 수 있고 후덕한 외모인 주인아주머니들의 인심은 아직도 후해 음식이 모자란 듯하면 리필해 주는 것이 순댓국이다. 분당 본사에 근무할 때 즐겨 찾았던 순댓국밥집은 강남에 체인점을 냈을 정도로 맛이 뛰어났다. 사장님을 모시고도 몇 차례 갔었고 거래하던 업체 사장님이나 대표 변리사들과도 자주 찾았다.

순댓국집 사장님은 내가 순댓국을 무척 좋아하는 줄 알고 있고 내가 가면 인원만 확인하고 주문도 건성으로 받는다. 하긴 어른들이 순댓국집에서 아이들 먹는 돈가스를 시키지 않을 것이니 물어보지 않고 순댓국을 내놓는다 해도 실수는 없다. 순댓국은 주문이 빨라 시간을 절약해 주는 음식이다.

거래업체 사장님들이 식사를 사겠다고 해도 순댓국 먹으러 가자고 하고, 답례로 내가 살 때도 순댓국이다. 하루는 고위 공직자로 근무하다 퇴직하신 변리사 사무소 대표께서 점심을 사기로 했는데 예약은 우리가 했다. 대표가 내게 물었다.

"순댓국을 아주 좋아하시나 봅니다?"

그분은 순댓국을 좋아하지 않았을 가능성도 있으며, 또 새로운 계약을 앞둔 시기에 한턱낸다고 왔는데 순댓국집으로 예약했으니 계약 건이 잘 안 될 것 같다고 생각했을 수 있었다.

"네, 좋아합니다."

복작거리는 순댓국집에서 소곤거리는 밀담을 할 수도 없고 덕담과 세상 돌아가는 이야기를 반찬삼아 순댓국을 먹어야 했기에 그 분이 드신 순댓국은 맛이 없었을 가능성이 있었다. 하지만 내가 갑질을 하지 않았고 변리사 대표님도 부탁하지 않은 상태로 새로운 계약이 무리 없이 체결되었으니 서로 소기의 목적은 달성했고 마음의 부담도 없는 셈이었다. 속칭 김영란법에 식사는 3만 원 이하로 명시되어 있으나 백 번을 먹는다면 300만 원이다. 하지만 순댓국 100 그릇은 60만 원이다. 김영란 법에 거래관계자 간의 식사에서 순댓국만은 무제한으로 허용한다고 명시했으면 좋겠다. 돼지 부속물들로 만드는 음식이지만 순댓국은 참으로 깨끗한 음식이다.

나주 본사에 근무할 때도 순댓국집을 자주 찾았다. 상호인 '할매 순대국'과는 달리 현대적 외모의 예쁘장한 주인아주머니는 음식 솜씨가 좋아 단체손님이 간다고 예약하면 순댓국집에 어울리지 않는 연어샐러드, 베이컨 떡말이 등 여러 가지 반찬을 내오셨다.

예약 없이 서너 명이 몰려가면

"주문…?"

"같은 것으로 주세요."

술친구인 J국장이 개발한 안주인 순대, 머리고기 혼합 모둠과 술국이 나온다.

누가 계산해도 부담 없는 가격대인 2만 원이고, 좋아하는 막걸리 안주로도 제격이며 홀아비들 저녁식사 대용으로도 손색없다. 제일 중요한 것은 주머니 얇은 직장인들이 계산할 때 누가 낼까 고민하지 않아도 되고 누가 계산해도 부담되지 않는 좋은 가격의 음식이다. 순댓국은 계산할 때 눈치 안 봐도 되는 마음 편한 음식이다.

이곳 인천에 와서도 눈치 빠른 팀장님들은 내가 좋아하는 음식이 무엇인지 미리 파악해 놓고 저녁에 순댓국집으로 가서 막걸리 한잔하잔다.

"처장님이 순댓국을 좋아하신다 해서….'

누추한 집으로 모신 것을 양해해 달라는 이야기며, 내 뜻이 아닌 당신 입맛에 맞춘 것이니 속으로 욕하지 말라는 뜻도 담겨있다.

"순댓국 좋아합니다. 막걸리 안주로 최고지요. 개고기와 민물고기 빼놓고는 음식 가리지 않습니다." 한편으로 이러다가 전국의 순댓국만 먹고 퇴직할지 모르겠다는 생각이 들었다.

조직단위마다 사업규모에 맞게 1년 예산이 배정된다. 물론 사업을 하다 보면 특근식비나 회의비 등 소위 먹는 예산이 부족할 수 있어 추가예산을 신청해야 한다. 예산을 담당했던 본사 Y부장은 추가예산을 신청하면 꼼꼼하게 따지기로 소문났지만 우리 처 예산이 부족하다 이야기하면 별 다른 이야기를 하지 않았다. '순댓국만 먹고 다니는 임 처장님이 오죽했으면 예산증액 요청을 했을까.' 했을 것이다. 순댓국은 부서 간 마찰과 오해도 없애주는 화합의 음식이기도 하다.

　순댓국을 좋아하기는 하지만 다른 음식도 먹을 줄 안다. 하지만 회사경비를 사용할 경우에는 가격이 저렴한 곳을 찾는 것이다. 물론 고객 등 외부손님을 모시는 경우에는 순댓국을 좋아하지 않는 분도 계시니 미리 확인을 해야 하며, 初面에는 격에 맞는 음식을 대접해야 한다.

　보통 사람들이 꺼리는 음식인 개고기, 감탕 내가 나는 민물고기, 어류 같지 않고 파충류같이 생긴 꼼장어와 왠지 먹을 것 없어 보이고 혀를 할퀼 것 같은 닭발 빼고는 못 먹는 것이 별로 없다. 나도 소고기, 민물장어, 참치회를 먹을 줄 알지만 부득이한 경우가 아니면 내 돈으로 가족과 먹으려 한다.

30억論

본사 직원이 보는 세상은 사업소 직원보다 크고 넓다. 이는 사람의 차이에서 오는 것이 아니라 수행하는 업무에서 오는 차이이며 비정형적 업무가 많은 본사는 끊임없이 숙제가 생기기에 후천적으로 만들어진 능력이다. 회사예산을 집행함에 있어서도 사업소 직원은 1억을 집행하기 어려우나 본사직원은 10억, 100억을 집행해야 하므로 스케일이 다르다.

기술개발처에서 장비, 기술협력, 기술개발업무를 관장할 때 1년 예산은 약 350억 원 정도였다. 하루도 쉬지 않고 매일 1억의 예산을 집행해야 하는데 돈 쓰는 것은 돈 버는 것만큼이나 어렵다. 사업소 직원들은 돈을 벌어야 하는 입장이니 버는 것이 어렵고 쓰는 것은 쉽다고 할 수 있으나 써본 사람만이 돈 쓰는 어려움을 안다. 우리 회사에서 이렇게 돈 쓰는 부서는 기술개발처가 유일하며 모든 직원들이 예산집행 시 신속함도 중요하지만 신중에 신중을 기한다. 처, 실간 형평성을 유지하지 못하면 예산을 지원해 주고서도 편파적이라는 비난을 피할 수 없기 때문이며, 또한 투자금액 이상의 효과를 거둘 수 있는지 고민해야 하므로 적어도 예산 요청 부서 담당자만큼 알아야 하니 많은 공부를 해야 한다. 하지만 무엇보다 중요한 것은 예산집행의 투명성으로 이 부분은 예산집행의 시작이며 마지막이기까지 하다.

기술개발처 식구들은 단출하니 전체 식구들이 수시로 막걸리 한잔 하며 세상사는 이야기를 했다. 샐러리맨들에게 정치, 종교와 축구 이야기는 금기시되어 있으니 아이들 키우는 이야기를 하다가 한 순배 술잔이 돌면 회사 이야기로 넘어간다. 예전에 같이 근무했던 적이 있어 농담하면 농담으로 잘 받아치는 직원에게 막걸리 한잔 건네며 농을 던진다.

"K 과장, 납품업체에서 자기 물건 사달라고 1억을 갖고 와서 청탁하면 어떻게 할 거냐?"

"에이, 안 받지요. 처장님 드리고 나면 남는 게 없는데요."

"그러면 10억을 갖고 와서 청탁하는 경우는 어떻게 할 거냐?"

사람인지라 답변에 시간이 조금 소요되는데 영민한 그가 곧바로 반격을 가한다.

"그럼, 얼마를 갖고 오면 받을까요?"

"앞으로는 30억 미만을 갖고 오는 업체하고는 절대로 만나지 마라."

"왜 하필이면 30억입니까? 50억이면 50억이지."

"입사해서 30년 근무한다고 하면 회사에서 받는 월급만 30억이다. 마음 편하게 30억을 받을 수 있는 직장에 다니는데 검은돈 30억을 받고 죄지을 이유 없다. 하지만 31억을 갖고 오는 업체가 있다면 같이 고민해 보자. 내가 받을 것인지, 네가 받을 것인지 결정해야 하니까."

나는 퇴직이 얼마 남지 않았으니 받을지 모른다."

우리 회사에서 구입하는 장비 중 고가에 속하는 장비가격은 5~60억 원이니 30억을 갖고 오는 업체 사장이 있을 리 만무하다. 하지만 검은 돈을 받지 말라는 지침을 줬으니 직원들은 반드시 지킬 것이다. 직원들은 내가 뱉은 말에 대해서는 책임(?)진다는 것을 잘 알고 있다. 책임(?)의 의미란 지키지 않았다가는 뼈도 못 추린다는 것을 잘 알고 있다는 것이 정확한 표현일 듯하다.

"그리고 나는 업체 관계자가 우리 사무실에 방문하는 것을 싫어하니 쓸데없이 오고가게 하지 말고 가급적이면 전화로 끝내라. 부득이하게 방문하는 경우가 있다면 만나도 좋은데 칸막이 없는 공개된 자리에서 만나도록 해라."

부서 내 칸막이는 다음 날 바로 없어졌다. 또한 직원들 소개로 장비 납품하는 업체 사장님과 만난 적은 한 번도 없었다.

지금도 가끔씩 연락하는 옛 식구들은 내가 이야기한 30억에 대해 '30억論'이란 명칭을 부여해 기억하고 있다고 한다. 청렴을 강조하기 위해 농담 삼아 한 이야기에 거창하게 '論'을 붙였으나 온전한 직장생활을 하기 위한 방안이라면 부족함이 없어 보이는 명칭이다.

신문에 보도된 바와 같이 몇몇 직원들이 공금횡령을 저질러 사기혐의로 피소되었다. 이미 회사에서는 해고 등 중징계 처분이 내려졌지만 재판결과 실형이 선고됨과 동시에 미 징계자에 대한 중징계 처분이 또다시 내려질 것이다. 그들도 한때는 산하 사업장의 직원들이었으니 사건이 발생된 것에 대한 일말의 책임을 느끼고 있다. 처장 부임 시산하직원들에게 '청렴'과 '신상필벌'을 더욱 강조했어야 했고, 그들에게 막걸리 한잔 건네며 '30억論'에 대해 이야기해 주었어야 했는데 그러지 못한 것이 아쉽기만 하다.

위징과 황 태후

위징은 당나라 정치가이며 수나라가 패하자 당나라로 귀순 후 몇 차례 죽을 고비를 넘기면서도 꼿꼿함을 잃지 않았다. 태종에게 2백 회가 넘는 간언을 올렸으며 태종은 위징이 죽었을 때 몹시 슬퍼하여 신하들에게 말했다.

"사람은 구리로 거울을 만들어 의관을 바로잡고 옛 것을 거울삼아 역대의 흥망성쇠를 알 수 있으며, 사람을 거울삼아서 자신의 득실을 알 수 있다. 위징이 죽음으로써 짐은 거울 하나를 잃고 말았다."

당태종이 고구려 정벌에서 패해 돌아오는 길에 탄식하며 "위징이 살아있었다면 나에게 이런 걸음을 하게 하지는 않았을 것"이라며 한탄했다고도 한다.

당태종은 위징을 이토록 아꼈으나 당태종도 사람인지라 宴會에서까지 직언하는 위징이 미웠다. 위징이 직언하자 화난 태종은 "당장 칼을 가져와라. 저놈을 참수하겠다."고 했는데, 태후가 잠시 빠져나와 정복을 입고 와서 당태종 앞에 무릎 꿇고 말했다.

"황제께서는 정말로 명군이십니다. 명군에게는 직언하는 신하들이 있사온데, 위징이 직언하는 것을 보니 황제께서는 명군임이 분명합니다."

황후의 말에 기분이 좋아진 당태종은 칼을 가져오라는 명령을 거뒀다. 꼿꼿한 위징도 놀랍지만 태후의 안목과 사람됨은 태종을 능가하는 듯하다.

정도전은 고려 말 文臣으로 통치권이 백성을 위해 기능할 수 있어야 한다는 민본주의 사상을 갖고 있었기에 민심에서 멀어져가는 고려가 탐탁지 않았다. 통치자가 민심을 잃었을 때 물리적인 힘에 의해 교체될 수 있다는 역성혁명을 긍정했고, 실제 왕조를 교체하는 데 힘을 실었던 혁명가이다. 정도전은 조선의 틀을 만들 때 왕들이 공부하지 않으면 안 되게 만들었다. 조선 왕들이 단명한 것도 공부를 너무 많이 해서였다는 이야기도 있다. 공부와 집무에 찌든 왕들에게 직언하는 신하들은 한편으로 미운 존재였는지 모른다. 하지만 조선왕조가 500년을 지속한 이유 중의 하나는 직언하는 신하들이 있었기에 가능한 일이었을 것이다.

동서고금을 막론하고 역사는 되풀이되고 전해져 내려오는 이야기와 고전은 나라 일뿐만 아니라 세상살이나 회사 내 업무에도 마찬가지로 적용된다. ≪논어≫ ≪맹자≫뿐 아니라 ≪이솝우화≫가 아직까지 읽히는 이유는 인간본성은 변하지 않기 때문이다. 듣기 좋은 아첨만 하는 신하와 부하직원들만 있다면 귀는 즐거울지 모르지만 조직은 부패해지고 곪아터질 때쯤에서야 문제를 인지하게 된다. 그렇다고 직언만 하는 신하들이 가득하다면 좋다는 왕 노릇도 짜증나는 일이다. 또한 직언만 한다고 일이 잘될 것 같으냐 하면 그것도 아닐 것이다. 외교나 비즈니스 세계에서는 어느 정도 입에 침 바르는 립 서비스도 필요하기 때문이다.

 회사동료들과 막걸리 한잔 먹으면서 하는 이야기지만 상사에게는 직언하는 부하직원들 반과 아첨하는 부하직원들 반을 채우는 지혜가 필요하다고 농담한다. 본인이 직접 모든 일을 챙길 수 없으므로 부문별로 업무를 위임해야 하기에 반반씩 섞어 놓으면 서로 견제와 균형을 맞춰 일을 진행시킬 것이다. 이것이 균형을 이루지 못해 직언만 하는 직원들만 존재한다면 그것도 재미없을 듯하고, 아첨만 하는 직원들을 가까이한다면 업무는 제대로 돌아가지 않을 것이 뻔하기 때문이다.

 미국 개척시대를 배경으로 한 서부영화의 결말은 '정의가 이긴다.'이다. 정말로 그랬을까. 많은 학자들의 연구결과를 보면 전혀 아니었다. 불법과 불의가 판쳤고, 대다수 정의는 악당들의 총구에 무릎을 꿇었다. 상상 속의 정의의 인물을 만들거나 인물의 과장을 통해 정의가 이기는 것으로 영화를 만들었다. 정의가 이기는 것은 가뭄에 콩 나기 아니면 뻥이었기에 정의의 시대를 갈망하는 목마름을 해갈하기 위한 영화가 서부영화이다. 요즈음 할리우드 영화를 보면 과거 서부영화와 시나리오 전개가 흡사하다. 아직도 정의는 바로서지 못했다.

 영화는 영화고 일반적으로 조직 내에서 직언하는 사람들은 설 자리가 좁은 것이 사실이다. 당태종의 황후가 그랬듯 주변의 역할도 매우 중요할 듯하다. 직언하는데도 판단이 흐려져 균형을 잡지 못할 때 옆에 있는 조력자들이 군주나 CEO가 균형을 잃지 않도록 조언해 준다면 직언하는 사람뿐 아니라 조력자의 역할은 더욱 빛나게 된다.

黑描白描

　오늘은 사드배치 문제로 우리나라를 괴롭히고 있는 중국 이야기를 하려 한다. 중국이 대국의 체면이 손상되었기에 명분을 중시해서 그러는 것인지, 아니면 실리추구를 위해 시비를 거는 것인지 진의를 파악해 봐야 한다. 요즘 외교라인이 죽었다 하니 알아볼 사람도 없을 듯하지만, 나는 실리 쪽에 한 표를 주고 싶다. "재주는 곰이 부리고 돈은 되놈이 번다."고, 예로부터 중국은 실리를 챙기는 장사를 잘했고 등소평 등장 이후 중국의 실리적 성향은 더욱 강해졌다. 다음은 등소평의 유명한 일화인 黑描白描論이다.

　"검은 고양이든 흰 고양이든 상관없이 쥐를 잘 잡는 고양이가 좋은 고양이"라는 등소평의 '흑묘백묘론'은 당시 중국 대부분의 농가에서 고양이를 기르고 있었으니 중국 국민 모두가 이해하기 쉬운 비유였다. 또한 등소평의 실질을 추구하는 정신이 함축되어 있고 문제의 본질을 정확히 지적하고 있다. "고양이 색깔이 아무리 예쁘고 목소리가 꾀꼬리같이 곱다 해도 농민에게 도움을 주지 못한다. 쥐를 잘 잡고 많이 잡는 고양이가 좋은 고양이다."

문제의 본질을 파악하지 못하고는 근본적인 해결방안을 찾기 어렵다. 일상에서도 마찬가지로 본질을 모르는 사람이 윗분들에게 보고할 경우에는 배가 산으로 가게 된다. 엉뚱한 해결방안을 제시하기 때문이다. 문제의 본질이 파악되어 해결방안을 보고하는 경우, 대부분 보고받는 윗분보다 보고자가 전문가이므로 제시한 해결방안대로 지시하면 되나, 보고받은 사람이 본질을 모르는 상태에서 선문답 식으로 지시하면 엉뚱한 해결방안이 도출되어 상황을 더욱 혼란스럽게 할 뿐이다.

　해결은커녕 도움도 되지 않는 미봉책이 나오게 되고, 미봉책을 보완하기 위한 보완책이 나오면 제도는 누더기가 되어 담당직원조차도 처리방안이 명확치 않아 업무처리 매뉴얼을 만들게 되며 케이스별 사례집까지 발간되면, 직원들은 더욱 지쳐가고 업무효율은 저하된다. 이것이 규제가 되어 새로운 정부가 들어서면 규제개혁을 한다 하지만 한 번 만들어진 제도를 일몰시키는 것은 무척 어렵다는 것을 모두 알기에 문제가 발생되면 모두 윗분의 입만 쳐다보게 된다. 국민들은 공무원의 복지부동을 지적하지만 본인 업무를 빨리 처리하려면 급행료를 지급하거나 고위직을 동원하여 민원을 해결하게 된다. 등소평이 농촌의 쥐를 수단방법 가리지 말고 소탕하라고 지시하지 않은 것이 다행이다. 적어도 오징어 다리를 물에 불린 후 땅바닥에 문질러 쥐꼬리처럼 보이게 하여 학교에 제출하는 숙제는 없었을 것 같다.

　문제의 본질을 꿰뚫어보는 것은 능력인데 선천적이기보다는 공부해야 생기는 후천적 능력이다. 성직자들이 즉문즉설로 일반인들의 고

해성사를 받거나 고민상담을 하고 있는 것은 그들이 종교철학을 오랫동안 공부했기에 후천적 능력이 생긴 것이다. 어른들이 자녀들을 상담하고 교육할 수 있는 것은 오랜 세월 살아온 연배와 연륜의 철학에서 나온 소산물이다. 성직자가 신도들을 대하고 부모가 자녀들을 대할 때처럼 사심을 버린다면 본질을 빨리 꿰뚫어볼 수 있게 된다.

국가전반을 경영할 만큼 탁월한 능력자가 대통령이 된다면 더할 나위 없이 바람직하겠지만 아쉽게도 백마 타고 오는 초인은 존재하지 않는다. 그러기에 국민들은 후보자가 덜 부패하고 요소요소에 전문가들을 배치하여 국가를 이끌어갈 만한 인물인가 검증하고 투표로 선출한다.

선출된 대통령이 장관을 임명할 때도 본질은 심플하다. 반도체를 잘 만드는 사람은 반도체 만드는 일에 종사케 하여 국가의 부를 키워야 한다. 수영이나 스케이트를 잘 타는 사람은 마음 놓고 훈련을 하게 하여 올림픽에서 금메달을 따게 하면 되니 역할에 맞는 사람을 인선하여 장관으로 임명하면 된다. 유능한 지도자가 되는 것은 매우 쉬운 일이다.

논란이 되고 있는 최순실 게이트를 보면, 최순실은 개인의 이익을 위해 대통령을 움직였으니 최순실은 권력의 속성과 본질을 잘 알고 있는 사람이다. 박 대통령이 국가경영의 본질을 아는지 모르는지와 무관하게 권력층의 친인척 비리에 진저리가 난 국민들은 미혼인 박근혜 후보가 비리 없는 대한민국을 만들 수 있을 것이란 기대감에서 투표했다. 하지만 기대감을 충족시키는 현실은 많지 않았다. 마리 앙뜨

와네프가 된 대통령이 장관이나 수석에게 지시하면 지시받은 사람은 한 술 더 떠 재벌이나 단체들을 부당하게 압박하고 최순실의 지시사항을 관철하려 했다. 내각은 이미 최순실의 사람과 눈치 보는 사람들로 채워져 있었고 그의 말이 곧 대통령의 의지였기에 반기를 들 만한 사람도 없었다. 사심이 개입하니 본질을 벗어났고 본질을 모르는 사람들을 기용하니 사단이 난 것이다.

도올 선생이 그랬다. "사회 도처에 최순실이 깔려있다." 우리 내부에도 호랑이를 등에 업은 여우 모습의 최순실을 자처하는 이들이 존재하는지, 내 자신이 최순실이 아닐까, 하는 의심도 해봐야 한다. 인사철이 되면 소위 Code 인사를 해서 처장들은 팀장과 차장들을 자기 입맛에 맞는 사람들로 채워놓는다. 내가 입을 열기 전 내 의도를 귀신같이 알아서 업무를 처리하는 팀장들로 채워놓으면 업무부담도 덜하고 퇴근 후에도 즐겁다. 물론 사심이 없다면 Code인사는 바람직하다. 실무에 정통하지 못한 임원들에게 사탕발림으로 보고해서 사심이 반영된 본인의 뜻을 관철시키려 한다면 또 다른 최순실이나 진배없다. 지위고하를 막론하고 어떤 일을 하든 본질을 벗어나면 안 된다. 또 본질이 무엇인지 모르고 일을 처리해서도 안 된다.

다음 글을 보면, 등소평의 흑묘백묘론은 고양이에 대한 이야기가 아니다.

> 고양이 색깔이 아무리 예쁘고 목소리가 꾀꼬리같이 곱다 해도 농민에게 도움을 주지 못한다. 쥐를 잘 잡고 많이 잡는 고양이가 좋은 고양이인 것처

럼 사회주의 건설에 있어 외자를 유치하고 외국 기술을 도입하는 것이 생산을 증가시키는 데 필요하면 이를 장려해야 한다. 어떤 제도가 사회주의적인가, 자본주의적인가 판단하는 유일한 기준은 생산증가에 도움이 되는가, 인민들의 생활이 향상되는가, 종합적인 국력향상에 이바지하는가이다. 가난은 사회주의가 아니다.

등소평은 사회주의 발전을 위해서라면 자본주의식 제도의 도입도 필요하다는 이야기를 한 것으로 실무선의 이념 싸움은 궁극의 목적을 방해하는 행위라는 메시지를 던진 것이다. 등소평은 문제의 본질을 정확히 꿰뚫고 있었기에 오늘날까지도 '작은 거인' '불멸의 지도자'로 추앙받고 있는 것이다.

토론하며 본인이 이야기한 내용을 합리화, 정당화하기 위해 논리를 보강하고 논리에 논리를 더하는 것을 자주 본다. 또한 반대편의 논리를 허물려는 것은 일반적인 현상이다. 하지만 본질이 무엇인가 잘 봐야 한다.

대한민국이 잘살기 위해서는 진보 · 보수의 논리가 모두 필요하다.

한전KPS가 잘살기 위해서는 때로는 적과의 동침도 필요하다.

GT정비기술센터가 잘살기 위해서 때로는 악마와도 손을 잡아야 한다.

우리가 파는 것은 熱情입니다

명함에 새겨 놓은 '기술거래사'라는 자격증은 처음 만나는 사람과 대화의 단초를 제공해 준다. "기술거래사? 뭐지요?" "기술을 팔고 사는 자격으로 기술 브로커입니다. 산업부장관 명의로 부여하는 국가자격이며 부동산거래사와 같은 자격으로 보시면 됩니다."

기술거래사법의 입법취지는 기술거래에 대해 기술거래사에게 독점적 권리를 부여하는 것으로 되어있으나, 자격보유자가 적어 독점적 권리는 행사하지 못하고 있다. 하지만 실제로 기술을 거래하고 있으니 아주 쓸모없는 자격증은 아니며, 기술거래 시 상대방에게 신뢰를 줄 수 있어 기술거래 협상 시 보다 유리한 고지에 설 수 있는 것은 자격증 덕분이기도 하다.

1993년 GE와 가스터빈 분야 기술이전 계약을 체결하여 GE는 기술사용료를 챙겼고 우리 회사는 매출과 이익을, 국가적으로는 국부유출을 방지했다. GE가 신기종 가스터빈 개발에 실패하고 운전되고 있는 GE Type 발전소가 머지않아 수명이 도래하므로 GE 가스터빈 발전기 정비시장은 축소되고 효율 좋은 일본 MHPS Type 발전소가 국내시장을 확대하는 상황이 벌어졌다. GT센터 입장에서는 MHPS와 사업협력이 필요한 시기가 되었다.

2년 반 가까이 진행된 협상에 진척이 없었는데 GE 기종에 대한 수리만으로 공장이 운영되었던 시기에 MHPS 관계자의 협력구애를 문전박대했던 것도 하나의 이유일 수 있다. 하지만 MHPS가 국내시장을 확장하면서 MHPS는 고장을 신속하게 복구하는 AS망이 필요하게 되었고, 우리는 새로운 매출원을 찾아야 하는 상황이 맞아 떨어졌다.

일본에서 건너온 MHPS 아키다 본부장과 미팅, 만찬을 했다. 본회의에 앞서 아키다 본부장이 본인소개를 했다. 나이 60, 36년간 MHPS에 근무하며 가스터빈을 설계했고 외국과의 협력업무를 담당했으며 퇴직 즈음해서 임원으로 발탁된 실력자였다. 전기공학을 전공했고 원자력, 기술기획 업무를 담당한 내가 가스터빈에 대해 어떠한 이야기를 해도 기술적으로 그를 압도하는 것은 불가능해 보였다. 짧은 시간 동안 내가 이야기할 화두만 머릿속으로 정리했다. 자동차와 발전소에서 AS망의 중요성, 교세라의 이나모리 가즈오 회장의 열정….

나는 전기공학을 전공했고 원자력발전소에 근무, R&D 기획을 했으므로 가스터빈에 대한 기술적 지식은 없다. 입사 후 33년 근무했으며 나이도 아키다 본부장보다 1살 어리다. 경력이나 연배로 보나 형님 같으신 선배님이 직접 방문해 주셔서 감사하다. 나는 발전소와 자동차의 특성이 비슷하다고 본다. 소비자는 연비 좋고 운전하기 쉬우면서도 고장이 적으며 고장이 발생되어도 쉽고 빠르게 고칠 수 있는 제품을 선호한다. 미쓰비시가 만든 랜서(준 경주용 자동차)가 연비 좋고 운전하기 좋은지 몰라도 애프터서비스망 구축에 실패하여 국내시장에서 소비자의 외면을 받았다. MHPS 가스터빈은 높은 효율, 운전편의성을 무기로 한국에 판매하는 데 성공했고 점차 시장점유율을 높여가고 있다. 고장이 발생되면 빠르게 수리할 수 있는 AS망 구축이 MHPS의 향후 사업확장에 영향을 끼칠 것인데, 우리 회사가 전국적 AS망을 구축하고 있으니 탁월한 선택을 한 것 같다.

우리 회사는 정비전문 업체지만 R&D를 통해 많은 부품을 국산화했고 터빈블레이드를 개발하는 수준의 기술력을 보유하고 있으나 공기업이기에 MHPS의 허락 없이 부품을 수리하고 싶지는 않다. 공식적 관계 하에서 정비시장이 형성되길 원한다. (가스터빈 발전기시장은 원자력과 화력시장과 다르다. 일정시간 운전 후 주요부품을 교체, 수리해야 하는 특성으로 인해 발전소 소유주와 제작사는 부품수리에 대해 장기 서비스 계약을 맺는다. 제작사가 정비시장을 독점하고 있으므로 우리 회사가 정비기술을 보유하고 있다 해도 정비시장이 형성되지 않기에 제작사가 '갑'인 시장이다.)

우리 회사가 GE, Westinghouse, Siemens, ABB 등 세계 각국의 발전기를 정비할 수 있는 기술능력을 구비하고 있어 MHPS가 우리의 기술인력과 장비를 활용한다면 커다란 시너지효과가 발생될 수 있을 것 같다. MOU에는 포괄적 사항을 적시해야 실무진에서 일하기 편하니 원한다면 공장시설까지도 MHPS와 공유하는 것으로 협력범위를 넓혔으면 한다. 하지만 내가 팔고자 하는 것은 기술이 아닌 우리 직원들의 '熱情'이다. 개인적으로 교세라의 이나모리 가즈오 회장을 존경하는데, 우리 공장을 시찰할 때 이나모리 가즈오 회장이 강조하신 열정을 눈여겨봐주시기 바란다.

 이쯤 되면 합법적인 기술거래사가 아니라 밑지고 판다는 장사꾼과 같이 사기성이 농후한 수준인가. 하지만 유무형의 기술을 팔 수 있는 자격을 보유하고 있으니 열정도 내가 팔 수 있는 품목 중의 하나이며 위법은 아니다. 그리고 입에 달고 사는 단어가 열정이며 열정 있는 직원들을 사랑하기에 내가 팔고자 하는 것이 열정이라고 이야기한 것은 틀린 이야기가 아니었다.

 저녁식사하며 김영란법으로 3만 원 미만의 식사를 준비했다고 하자 일본은 그렇지 않다며 술을 많이 먹어 3만 원이 넘게 되면 어떻게 하느냐고 물었다. 당연히 아키다상이 초과분을 내야 한다 했더니 크게 웃었다. 3만 원을 약간 초과했으나 초과분을 받지 않아서인지 "감사합니다." 하는 인사와 함께 초콜릿 선물을 주고 갔다. "아리가토 고자이마스 For your gift." 국적불명의 감사인사를 했는데 앞으로 MHPS와 사업하려면 일본어도 배워야 할 것 같다.

chapter 03

행복은
어디에
있을까

느림, 세상의 이치

　나주에서는 서울과 달리 새벽같이 골프를 치러 가지 않는다. 이곳 사람들 이야기로 "상놈도 아닌데, 왜 새벽부터 설치는가 몰러? 아침밥 먹고 느긋하게 가서 운동해야제." 지천에 골프장이 있어 서두르지 않아도 공을 칠 수 있기 때문이기도 하지만 느린 것이 체질화되어있는 듯하다. 좋아하는 낚시질 또한 새벽잠을 설치면서 좋은 포인트를 선점하려는 경쟁이 없다. 향토음식 홍어, 곰탕도 Slow Food이며 주문한 음식이 늦는다고 악을 쓰는 사람이 없는 것을 보면 느린 것이 이곳의 생활이고 문화이다.
　수확이 끝난 너른 나주평야와 영산강에 은빛 갈대 춤추는 11월이지만 아직도 가을이다. 12월 말이 되어야 본격적인 겨울이 시작되니 느린 것이 당연한 나주에서는 계절도 한 박자 느리다. 1월이 되면 흐르던 개울물은 얼음이 되어 멈추고 나무도 잎을 떨구고 멈춰 선다. 척박한 환경에서 살아남기 위한 자연의 섭리이자 세상의 이치이다. 2월, 추운 바람이 매서워도 꽃을 피운 매화는 짧은 겨울의 종막을 알리고, 봄이 되어 개울물이 움직이기 시작하면 나무도 움을 틔우며 바위와 산도 덩달아 움직인다.

  3월의 노란 개나리는 본격적인 봄을 알린다. 흐드러지게 핀 벚꽃은 상춘객을 불러 모으는데, 아마도 그들은 바람 불어 눈보라처럼 휘날리는 꽃잎의 슬프도록 장엄함을 보러오는지도 모른다. 벚꽃이 화장을 한 도시 여인네라면 벚꽃에 연이어 피는 배꽃은 화려하지 않지만 수줍은 시골색시 모습이라 더욱 정겹다. 서울에서 자취를 감춘 제비가 집을 짓기 시작하면 4월이 되었고, 나주의 배꽃은 4월 중순이 절정이며, 달빛 고운 날 진분홍 복사꽃 아래 친구들과 막걸리 한잔 나누는 4월은 개구리 울음소리와 함께 지나간다.

  계절의 여왕 5월은 모든 것이 아름답다. 공사가 한창이며 조경이 덜 되었지만 혁신도시 가로수인 이팝나무는 하얀 꽃의 아름다움을 선사한다. 보리가 누렇게 익어가는 한편 모내기가 늦은 남녘은 5월 말이 되어야 모내기 준비가 한창이다. 봄과 여름이 교차하여 따끈한 볕에 졸다 보면 어느 틈엔가 6월 여름이 온다지만 올해 나주의 5월은 여름같이 더웠다.

  습도가 낮아 적당하고 기분 좋게 더운 6월, 가물어 걱정이 많았는데 월말에 내린 장맛비가 한층 반갑고 청량하다. 올봄 밤낮 기온차가 심해 배꽃 수정도 어려웠고 꽃이 빨리 떨어졌단다. 寒害로 인해 이런 흉작은 30년 만에 처음이라니 농민들의 시름이 깊어지는 6월이나, 뒤늦게 내린 비로 인해 배가 수박만큼 커졌으면 좋겠다는 생각을 해본다.

  7월 무더위가 시작되었다. 더위도 죽을 맛이지만 습도가 높아 기분 나쁠 정도로 끈적거리는 날씨는 웬만한 인내심으로 이기기 어렵다. 사람을 삶고 구워 지치게 만드는 7월의 심술을 헤어날 방법은 마땅치 않다. 복달임으로 삼계탕을 먹고 숨죽이며 7월이 가기만을 기다려야 한다. 끈적거리고 뜨거워도 참아야 하는 것 역시 자연의 섭리이다.

지루한 늦장마가 끝나니 신기하게도 매미가 울어대기 시작한다. 매미 울음소리와 함께 굽는 듯한 8월 더위가 시작되나 입추를 지나니 밤에 부는 바람은 시원해졌다. 반짝이는 8월 햇살은 모든 것을 살찌우는 밑바탕이 된다. 어느덧 성장하여 날아다니는 꼬마 제비의 날개가 빛난다. 검은 벨벳 연미복을 뽐내지만 아직은 어미에 비해 날렵하지도 못하고 땅땅한 몸매의 未生이다. 어디선가 들리는 귀뚤귀뚤 귀뚜르… 소리. 여름은 갔고 가을을 재촉한다.

실팍한 잠자리 날개가 닳아 힘을 잃을 무렵인 9월은 붕어가 살을 올리는 계절이고, 모든 곡식도 여물고 과일도 맛을 더한다. 농부의 발걸음을 듣고 자란다는 과일과 곡식이 무게를 더해 늘어진 가지가 위태롭게 보인다. 10월은 수확의 계절이며 풍요의 계절이다. 지난해 나주 배 당도가 떨어져 맛이 덜했다고 하나 올해는 단맛이 일품이며 과즙도 풍성할 듯하다.

혁신도시에 이맘때 내려와 벌써 일 년이 흘렀으나 모든 것이 질서정연하게 순서에 맞게 피고 지고 여물고 수확된다. 하지만 땀을 흘린 자가 많이 수확하고 게으른 자의 곡간이 허전한 것이 순리이듯 일 년을 살아보니 느리기는 해도 순서를 바꾸지 않는 것이 자연의 순리이자 이치라는 것을 새삼 느낀다.

유치원에 다니는 꼬마 아이들도 바쁘게 뛰어다닌다는 분당에서 한없이 느리디느린 나주에 내려와 '느림'에 적응하고 있다. 비가 추적추적 내리는 날 허름한 주막에 자리 잡고 오래된 친구들과 탁주 한잔 나누는 여유를 오랜만에 즐기면서 주정을 하고 있다. '오래된 친구와 소박한 안주에 막걸리 한잔, 이것이 인생사는 맛 아닌가.' '남들보다 빨리 가기 위해 지난 30년간 정신없이 뛰었지만 지나 보니 남들과 다를 바 없지 않은가.' 뒤늦게 세상의 이치를 깨달은 술 취한 인생들이 自問自答하고 있다.

보리개떡

집사람과 시골길을 드라이브할 때 노란 옥수수빵을 파는 노점상을 발견하면 차를 멈춘다. 매번 집사람은 사카린을 넣었고 위생상 좋지 않다는 이유로 반대하지만, 사실 나도 막걸리 넣어 발효시킨 옥수수빵이 맛나서 사자는 것은 아니다. 어렸을 적 어머님께서 밀가루를 막걸리에 반죽하여 쪄낸 구멍이 숭숭 뚫린 빵이 생각나서 한 덩이 사자는 것이니, 내가 맛보고자 하는 것은 옥수수빵이 아닌 어릴 적 추억이고 어머님의 사랑이었을 것이다.

흔히 어릴 적 추억의 음식으로 연상되는 것은 '보리개떡'인데 솔직히 보리개떡이 얼마나 험한 음식인지 알지 못한다. 어린 시절 가장 험한 음식은 막걸리빵 아니면 쑥과 쌀가루를 섞어 시루떡처럼 만드는 쑥개떡 정도였다. 아마도 보리개떡을 먹고 자랐다면 노점상 옥수수빵이 추억의 음식이 아니라 보리개떡을 찾았을지 모른다. 마트에 가 과자를 사도 옥수수를 튀긴 강냉이나 새우깡같이 어렸을 적 먹어봤던 것들에 손이 간다. 아이들은 아빠 입맛이 촌스럽다고 타박해도 어른들은 추억과 사랑을 먹는 것이지 과자를 먹는 것이 아니란 이야기를 해

주고 싶다.

　아이들은 어머니 입맛과 음식솜씨에 의해 길들여진다. 내가 개고기와 민물고기를 먹지 못하는 것은 어머님 영향이 크다. 개는 애완동물이자 같은 식구이지 먹을 것이 아니라는 집안 문화도 있지만 어머님께서 개고기를 요리해 주셨다면 지금도 입에 침이 돌만큼 잘 먹었을지 모른다. 매운탕은 칼칼한 맛의 민물고기가 최고라는 분도 계시고 분당의 민물고기 매운탕집은 문전성시를 이루지만 나는 민물고기를 먹지 못한다. 예전 학창시절 낚시를 하러 갔던 천안 부근 신창낚시터 사장님은 文盲이셨다. 간판을 그려준 값으로 민물매운탕 중 으뜸이라며 빠가사리 매운탕을 대접했으나 한 숟갈도 뜨지 않는 깍쟁이 서울내기를 보고 섭섭해하는 눈치였다.

　낚시를 좋아하셨던 선친은 술 생각이 나면 가끔 민물매운탕을 드셨다. 하지만 도마와 냄비에 민물고기 비린내 배는 것을 어머님이 싫어하셨기에 붕어를 잡아오시면 마당 한구석 우물가에서 버너와 코펠로 매운탕을 끓이셨다. 두 분 모두 북에서 월남하신 관계로 양가 할머니 할아버지가 계시지 않아 그랬는지 몰라도 옛날 분들이시지만 부모님들은 상당히 개방적이셨다. 아버님도 가끔 주방에서 요리를 하셨으나 주방 일에 관한한 전권을 쥐고 계신 어머님의 파워가 대단하셔서 주방으로 민물고기 반입은 금지되었다. 민물고기를 아직도 먹지 못하는 것은 아마도 민물매운탕에 대한 추억이 없기 때문인지 모른다.

　갓난쟁이는 모유와 우유를 떼면 이유식을 먹고 밥을 먹게 되나 큰아이는 이유식을 오랜 기간 먹었다. 밥 먹어야 할 시기에 입에 밥알같이 씹어야 하는 것이 들어가면 토하는 일을 반복했기에 세 살 때까지 이유식을 먹인 것 같다. 술에 취해 들어갈 때에도 6개월 미만 아이들이 먹는 어린아이 머리표 신생아 이유식을 박스로 사서 날랐던 것이 기억난다. 이로 인해 입맛이 서구화되었는지 큰아이는 지금도 육식을 좋아한다. 다행스럽게도 작은아이는 모유를 떼자마자 밥을 먹어 김치찌개 하나면 밥 한 공기 뚝딱이다. 소위 '집 밥을 먹지 못하고 자라 인스턴트 음식에 길들여지면 집 밥은 맛없어지고 외식을 자주 하게 된다는데, 큰아이는 아직도 육식과 외식을 좋아한다. 그렇다고 집사람의 음식솜씨가 없어서 그런 것은 아니다.

직장생활 하느라 살림을 배우지 못하고 시집온 집사람 음식솜씨는 형편없었다. 그때는 인터넷 레시피도 없을 때니 시집올 때 요리백과를 갖고 왔고 조그만 수첩에는 미역국, 콩나물국 끓이는 방법 등 음식 만드는 레시피가 깨알같이 적혀있었다. 상당 기간 시부모를 모시고 삼시 세 끼 준비하느라 고생 많이 했고, 밥 태우거나 음식 맛이 없을 때는 장모님께 울면서 전화하곤 했다.

30년 경력의 주부가 된 집사람은 국적불문의 요리솜씨를 뽐내고 있다. 월남쌈, 몽고식 샤브샤브, 한국식 감자탕, 일본식 메밀국수, 지중해식 연어샐러드 등 집사람 손에서 다양한 음식이 탄생된다. 광장시장 마약김밥 등 인터넷에서 뜨는 음식도 뚝딱 만들어내니 음식솜씨가 장족의 발전을 한 것이다. 그중 압권은 일본식 메밀국수로 메밀국수 전문점보다 맛있는데, 퇴직 후 생계가 곤란할 경우 집사람에게 메밀국수집 사장을 시키려고 하는 말은 아니다. 메밀국수 국물은 가쓰오부시라는 다랑어채로 국물을 내야 하나 없는 경우에는 다시마, 멸치, 설탕, 간장, 맛술로 낸 육수와 질 좋은 메밀국수, 무순, 무즙, 와사비, 파, 김만 있으면 되니 밥 준비하는 것보다 어렵지 않다. 우리 집 여름철 주 메뉴인데 가끔 손님 접대용으로도 제격이다. 집사람 자랑하면 팔불출 중 하나라 하지만 이것은 집사람 자랑이 아닌 내 자랑이다. 나하고 결혼해 시집살이하느라 음식솜씨가 늘었으니 내 덕분이지 다른 사람하고 결혼했다면 어림도 없는 일이다.

외식 대신 집 밥 위주로 식사를 해결하는 우리 집은 매주 엄청난 양의 식재료를 마트에서 사와야 한다. 1~2인 가구의 경우 경제적인 이유와 장 보고 음식 만드는 시간과 수고의 절약을 위해 집 밥보다 외식을 선호하는 시대가 되었지만, 우리 집은 장 보는 재미와 음식 만드는 재미로 매주 장을 보니 상대적으로 엥겔지수가 높은 것 같다.

음식 못 하는 주부에서 프로로 변신한 집사람이 여러 가지 음식을 만들어 집 밥을 부지런히 먹이고 있지만, 우리 아이들이 나이들어 어떤 음식을 먹으며 추억을 생각하고 사랑을 느끼게 되려는지 자못 궁금하다. 보리개떡이나 옥수수빵은 먹어보지도 않았을 테니 빅맥과 코카콜라? 피자와 펩시? 치맥?

부부는 원수, 자식은 빚쟁이

　佛家에서 부부간 인연은 칠천 겁, 부모와 자식 간은 팔천 겁의 인연이 있다고 한다. 그만큼 소중한 인연이니 서로 아끼고 보살펴 나가야 할 사이라는 말씀이다.

　옷깃만 스쳐도 五百劫의 인연이라는데 劫이란 셀 수 없는 무한한 시간을 佛家에서 표현한 것으로 수치적으로 사방 40리 성에 겨자씨를 가득 넣고 백 년에 한 알씩 꺼내어 겨자씨가 없어지는 시간, 백 년에 한 번씩 내려오는 선녀 옷자락이 사방 40리 바위를 닳아 없어지게 하는 시간, 천 년에 한 방울씩 떨어지는 낙숫물이 집채만 한 바위를 없애는 데 필요한 시간을 겁이라고 표현하고 속세의 시간으로는 4억3200만 년이 된다고 한다.

　　같은 나라에 태어나는 인연은 천 겁
　　하룻길을 동행하는 인연은 이천 겁
　　하룻밤을 한 집에서 자는 것은 삼천 겁
　　같은 민족으로 태어나는 것은 사천 겁

한 마을에 사는 것은 오천 겁
하룻밤의 동침은 육천 겁
부부의 연은 칠천 겁
부모와 자식은 팔천 겁
형제의 연은 구천 겁
스승과 제자 사이는 만 겁

같은 불가의 이야기이지만 諷刺的이랄까, 諧謔的이랄까, 쉬운 해석도 있다. 부부는 전생에서 원수지간이었던 사람들이 만난다고 한다. 부부는 전생에서 제일 크게 원수진 사람과 맺어지게 인연이 정해져 있고, 業의 굴레, 輪廻의 굴레에서 필연적으로 만나게 하여 전생의 업을 풀고 살을 섞으며 화해시키기 위해서란다. 필연적으로 만난 인연끼리 서로 화해하며 한생을 살지 못하고 헤어져 업을 풀지 못한다면 다음 생에서 또다시 만나 부부의 연을 맺는다고 한다. 남편이건 아내건 미울수록 상대방을 부처님이나 하나님 모시듯 귀히 해야 한다는 뜻이다.

불교도는 아니지만 '부부는 전생의 원수지간'이란 말을 뒤집어 생각하면 재미있는 해석이며 금언이라 생각한다. 결혼하는 부부에게 한평생 서로 사이좋고 화목하게 같이 늙으라는 의미의 百年偕老하라 하는데, 백 년을 사는 동안 싸움이 없다면 무슨 재미로 살까. 하지만 알콩달콩한 사람 싸움이나 철천지원수가 된 것처럼 동네를 시끄럽게 하면서 싸워도 헤어지는 말라는 이야기 같다.

"백 년을 같이 살았는데도 다시 태어나서 같은 사람과 결혼해 백 년을 또다시 살라 하면 얼마나 재미없는 일입니까?"

"현재 같이 사는 부인 혹은 남편과 매일 싸우더라도 한 이불 덮고 살라는 말씀이겠지요."

이불을 같이 쓰는 부부가 다시 살지 않는 가장 확실한 방법은 남편이 술 먹고 들어와도, 부인이 명품가방을 사도 시비 걸지 말고 여보 잘했어! 하고 넘어가야 한다. 가끔 잉꼬부부로 소개되는 커플이 다시 결혼한다면 누구와 결혼하겠느냐는 질문에 지금의 남편 · 아내라고 대답할 때 입에 침을 바르지 않았다면 그들은 아직까지 전생에 원수진 업을 풀지 못해서인지 모른다.

배우자와 다시 만나고 싶지 않다면 현 배우자에게 지극정성을 쏟아 전생의 업을 없애야 한다. 이 이야기를 전해들은 집사람이 "나하고 다시 살지 않으려고 잘하는 거지?" 하면서 모질게 패도 "여보, 잘했어!" 하고 넘어가야 한다.

불가에는 '부모에게 자식은 전생의 빚쟁이'라는 이야기도 있다. 그래서 평생 빚진 사람처럼 자식 일이라면 눈먼 사람같이 물불 안 가리고 달려드는 게 부모님 삶이라 하며, 자식들은 받지 못한 빚을 받기 위해 부모님에게 끊임없이 바란다고 한다.

빚진 부모님들은 소 팔아 학비를 댔기에 대학은 象牙塔이 아니라 牛骨塔이라는 눈물나는 신조어가 1970년대에 만들어지기도 했다. 부모님의 전 재산이었던 논을 팔아 장가보내줘도 당연하게 더 달라고 하는 게 자식이고 보면 전생에서 억대 이상 빚을 주었던 사람들이 자식이 되는 듯하다.

부모와 자식의 인연은 팔천 겁으로 부부간 인연인 칠천 겁보다 깊어 '부모 자식 사이는 천륜'이라는 말이 있다. 부부의 연은 끊어도 부자간의 연을 끊지 못하는 것도 天倫 때문이다. 요즈음 길을 가다 보면 이런 현수막 있다. "떼인 돈 받아줍니다." "지구 끝까지 쫓아가서 받아옵니다." 원수지간의 연보다 끊기 힘든 것이 채권 채무자의 부채관계라는 것을 수천 년 전 부처님께서 어떻게 아셨는지 신기할 따름이다.

　휴일에 혼자 사시는 어머님을 뵈러 가면 연로하신 어머님은 아직 빚을 갚지 못한 것이 많이 남으셨는지 내가 좋아하는 음식을 준비하시고 배불리 먹인 다음 집에 가서 먹으라고 싸주시기도 한다. 키우고 가르치고 장가까지 보내주신 어머님 밥상을 아직도 받아먹고 있으니, 나도 전생에 커다란 빚을 준 고리대금업자였는지 모른다. 말로는 효도해야지 하면서 구부정하신 어머님 신세를 아직도 지고 있으니…. 이제는 전생에서 어머님께 받아놓은 차용증을 불살라야 할 것 같다.

3대가 德을 쌓았는지

공기업 지방이전, 참여정부 최고 국정과제의 하나가 '국가균형발전'으로 대못이 박혀진 공기업 지방이전은 지방정부 재정수입 증대, 국가균형발전을 목적으로 확정되었다. 177개 공기업 지방이전의 기대효과가 현실적으로 구현될 것인지. 한 연구논문에 따르면 공기업 본사직원과 관련 산업종사자 약 100만 명 정도가 분산되니 수도권 과밀에 따른 교통 혼잡 문제는 어느 정도 해소되는 것으로 분석했다. 하지만 연구논문에서 언급되지 않은 사항이 하나 있는데 바로 '국민의 행복'이다.

정부는 국민의 행복을 추구해야 하므로 국민 행복추구가 혁신도시를 조성한 숨은 목적 중 하나라는 알려지지 않은 說(썰)이 있다. 집사람 간섭을 받지 않는 행복하고도 화려한 싱글생활이 시작된다는 것은 홀아비들의 로망이며, 집에 남겨진 과부는 신나서 잠이 오지 않을 정도로 행복감을 만끽하니 국가 행복지수는 엄청 높아졌단다. 경제학자의 눈으로 볼 수 없는 지극히 개인적인 사유이며 국가적인 부의 창출로 계산되지 않아 연구논문에 반영되지 못했다는 썰[說].

선조가 독립운동을 했거나 최소한 3대조가 덕을 쌓아야 가능하다는 홀아비 생활. 이미 6년 정도 혼자 생활해 봤기에 싱글생활의 설렘이 반감되는 것이 사실이나 나주에서의 홀아비 생활이 시작되었다. 바가지 긁는 여우같은 마누라와 떨어진 것이 기쁘냐고? 사실 가족들과 잠깐 동안 떨어져 사는 것은 정신건강에 도움이 된다. 물론 방 청소, 음식 만들기, 빨래 등 주부가 해야 하는 모든 일을 해야 하니 시간이 조금 흐르면 후회할 일이 많지만, 당장은 설레는 마음을 감출 필요가 없을 것 같다. 사실 홀아비 생활을 염원하는 것은 나 혼자만이 아닌 국제적인 현상이다.

영세중립국 스위스에도 예비군 훈련이 있다. 영세중립국이니 예비군이 필요 없다는 여자들과 그래도 예비군 훈련이 필요하다는 남자들 사이에 의견이 팽팽해지자 투표로 결정하기에 이르렀다. 투표결과는 '예비군 훈련 유지'. 일 년에 한 번 집사람과 떨어져 동네 남정네들과 어울려 훈련받고 마음 놓고 맥주 한잔 먹을 수 있는 절호의 찬스를 남자들이 반대할 이유는 없었다. 스위스의 남정네들은 예비군 훈련 유지에 찬성 몰표를 던졌고 오늘도 예비군 훈련 후 맥주 한잔하며 희희낙락하고 있다.

아무튼 3대가 덕을 쌓았는지 낮잠 자고 싶으면 자고, 지루하면 책 보고, 바깥 공기가 그리우면 낚시한다. 오랜만에 맛보는 해방감을 느껴보지 않은 사람은 모른다. 단점은 고독이나 이는 극복대상이다. 퇴근 후 밀려오는 고독감으로 방문 열기가 두려워 집 밖을 배회하지 않으려면 뭔가에 미치면 된다. 낚시, 독서, 글쓰기…. 나주에 출현했다는 꽃뱀에게만 미치지 않으면 된다.

많은 가족이 생겼기에 나주에서 혼자 사는 생활이 그리 외롭고 어렵지 않다. 골치 아픈 업무가 많아 힘들겠다며 저녁을 챙겨주는 부모역할의 선배님도 계시고, 장모님 김치 담그는 솜씨가 일품이라며 주기적으로 김치 대주는 후배님들도 계시니 장모님도 새로 생긴 셈이다. 계절이 바뀔 때마다 감기 걸리지 않게 생강차, 면역력을 높여준다는 울금가루, 머리 검게 해준다는 볶은 검은콩, 혈압에 좋다는 뽕잎가루 등 건강식품을 챙겨주는 후배님은 웬만한 집사람보다 낫다. 술 마신 다음 날을 위해 헛개나무즙과 출가한 첫사랑이 담근 낙지젓갈을 갖고 온 후배님은 여자친구보다 살갑다. 아침밥 대용으로 고구마, 소포장된 찹쌀떡, 후식으로 과일 등을 챙겨주시는 후배님들 덕분으로 냉장고가 그득한데 이들은 든든한 이웃사촌인 셈이다. 매월 신간서적을 챙겨주는 후배님은 도서관 내지 서점역할을 하고 계시고 멀리 영광에 근무하는 S 주임님이 보내주신 튀밥은 볼수록 정겹다.

병치레하고 있는 미국 누이도 김치, 떡, 반찬을 챙겨주는 우렁각시들이 많다고 하는데, 집안내력인가.

홍어 먹기 연습

 입이 짧은 것은 아닌데 보신탕, 민물고기, 홍어, 두리안은 금기시되는 음식이었다. 보신탕은 어릴 적부터 강아지를 키웠기에 먹지 않고 민물고기는 특유의 감탕 내가 싫고 감탕 내를 없애기 위해 넣는 산초, 방아 향이 싫어 먹지 않는다. 캐나다에 장기출장 갔을 때 현지 코디네이터 사이에서 미국 가물치 종류인 파이크를 잘 잡는다고 소문나 Pike Hunter라는 별명이 붙었다. 코디가 요리해 준다기에 1미터정도 되는 파이크를 가져다주니 스테이크 위에 녹색가루를 뿌려 내어주는데 그것이 방아였다. 맛이 어떠냐는 물음에 맛있다고 했으나 감탕 내와 방아 향으로 인해 코디 안 볼 때 입에 넣은 것을 버리느라 곤욕을 치른 적이 있었다. 아시다시피 홍어는 화장실 냄새로 먹지 않았고 과일의 황제라는 두리안은 10년 넘은 재래식 화장실 냄새를 뛰어넘어 화학약품 맛에 가까운 불쾌한 맛으로 인해 몇 번 시도해 봐도 입에 맞지 않는 음식이 되었다.
 홍어의 고장 나주로 내려오니 한정식 집에 가도, 횟집과 육고기집에 가도 홍어삼합은 약방의 감초처럼 끼지 않는 곳이 없다. 삭힌 홍어와 돼지고기 수육, 묵은 김치와 같이 먹는 홍어삼합은 이곳의 문화가 되어 결혼식장과 장례식장에서도 빠지지 않는다. 처음에는 홍어삼합에 매운 고추와 마늘을 잔뜩 넣어 씹었는데 이상하게 다른 것은 목구멍으로 넘어가는데 홍어는 입안에 남았다. 다시 마늘과 땡초를 넣고 씹어도 질깃한 홍어는 입안에 그대로 남아있었다. 먹지 못하는 음식이라는 선입견이 있으니 식도가 목 넘김을 방해하는 듯했다.

하지만 나주에서 음식문화로 정착한 홍어는 마냥 거부할 수 없는 음식이기에 한두 점씩 먹어보다 최근 본격적으로 먹기 시작했다. 법성포 굴비거리같이 영산포 홍어거리에는 홍어전문점이 여럿 있다. 단품으로 팔기도 하지만 홍어정식은 종합세트로 상차림 되니 흔히 먹는 것이 홍어정식이다. 홍어는 맛으로 등급을 매기면 1코, 2애, 3날개, 4살, 5뼈라 하는데 아직 홍어 맛을 몰라서인지 등급별로 맛은 모르겠고, 홍어 초보자이니 맛의 강도로 구분해 보면, 홍어정식을 시키면 홍어무침, 삼합, 찜, 전, 튀김, 홍어 애, 홍어애탕이 나온다. 홍어 애는 삭힌 것이 아니니 특유의 냄새도 없고 흐물흐물하고 참기름을 찍어먹으니 고소하기까지 하다. 홍어무침 또한 삭힌 것으로 하지 않고 생것으로 무쳤으니 전혀 거부감 없는 식감이다. 홍어애탕도 삭힌 홍어 특유의 냄새가 나지만 그런대로 먹을 만하다. (홍어애탕이 아니라 홍어 삭힌 것을 넣은 홍어탕은 입천장이 까지고 입에서 불이 나올 정도이니 조심해야 한다.)

아직까지는 전초전이고 이제부터 본격적인 홍어음식이 시작된다. 홍어삼합의 매캐하고 발꼬랑내 정도의 꼬리꼬리한 냄새와 자극은 소총정도다. 코 부분은 미끌하고 흐물거리게 생겼으나 입에 넣고 씹는 순간 고무장갑정도로 질긴 식감을 갖고 있다. 삭혔지만 홍어 코, 날개와 몸통은 그런대로 먹을 만하다.

홍어찜은 삭힌 홍어를 익힌 것이니 생것에 비해 거부감이 적다. 하지만 입에 넣으면 기도를 막는 자극과 향기로 기침하기 십상이다. 홍어삼합이 소총정도라면 홍어찜 강도는 수류탄 정도로 삼합보다 몇 배에 달한다.

기름으로 부쳐내어 냄새는 덜하지만 홍어전의 강도는 박격포정도 된다. 홍어전을 먹는 순간 강한 박하사탕을 깨물었을 때같이 입안 전체가 화한 느낌이 들고 본능적으로 숨을 쉬면 안 될 것 같은 느낌이다. 가히 위협적이다.

압권은 홍어튀김으로 이것은 가히 핵폭탄 급이다. 한 입 베어 무는 순간 숨이 탁 막히며 눈물이 삐져나오는데 이때 숨을 쉬면 절대 안 된다. 숨 쉬게 되면 주체할 수 없는 재채기로 곤욕을 치르게 되니 눈물이 나와도 숨을 참고 먹어야 한다. 한 입 베어 무는 순간 입안에 홍어의 열기가 꽉 차게 되며 詛嚼(저작 : 음식물을 씹는 것)하면 생명이 위태롭다는 것을 직감적으로 느끼게 되어 홍어 열기를 식힌 다음 저작 질을 해야 한다. 나는 저작 질을 할 때마다 뿜어져 나오는 열기로 인해 두 번 정도 저작 질을 하고 삼킨다. 이러한 고비를 넘겨야 하니 홍어 먹는 것은 연습이 필요하며 숙달이 되어야 한다.

몇 번 먹다 보니 홍어는 묘한 매력이 있다. 먹을 때는 특유의 냄새가 코를 자극하지만 다음 날 속이 편안한 음식이 홍어다. 홍어 열기는 소주가 아닌 막걸리로 삭혀야 한다는 것을 알게 되면 신입 때를 벗은 것이고 꼬리꼬리한 냄새까지 사랑하게 된다면 어느 정도 경지에 오른 것이다. 두리안 먹는 것을 몇 번 시도하다가 끝내 포기했는데 홍어는 몇 번의 시도 끝에 성공했다. 속이 편한 음식, 홍어의 장점은 또 하나 있다. 홍어 먹은 다음 대중교통을 이용하면 옆 사람이 얼굴 찡그리며 멀리 피해 여유 있는 자리확보에 도움이 되는 것이나, 다음 날 옷에 묻은 홍어냄새를 없애기 위해 페브리즈를 뿌려야 하는 번거로움이 있다는 것이다.

南道 人心

나주에 내려온 지 1년여이나 전라남도 땅을 밟고 산 지 7년 되었다. 태어나 자란 서울과는 말씨도 다르고 문화도 다르다. 판소리는 연배 있는 어른들만 하는 줄 알았는데 이곳에서는 아이들도 唱 배우는 학원에 다닌다. 藝鄕, 남도 이야기를 하고 있으니 오늘은 왠지 글자체도 궁서로 해야 맞을 것 같다.

대부분 발전소는 냉각수와 부지확보, 님비현상 등의 문제로 바닷가를 끼고 있는 오지에 위치해 있다. 지금은 발전소 부근도 도시화로 여건이 좋아졌지만 30년 전에는 부임지로 가는 길은 귀양길 같아 눈물 흘린 이들이 많았다. 발전소에 근무하는 직원들은 영화, 연극, 병원, 학교 등 문화혜택 면에서 불리해도 음식문화 면에서는 많은 혜택을 보고 있고 지역특산물에 길들여진 입맛은 고급화되어 있다. 고리원자력에 근무할 때는 기장 붕장어(아나고)회, 대변 멸치회를 밥처럼 먹었다. 울진원자력에 근무할 때는 귀하다는 자연산 송이, 영덕 대게, 복어회를 마음껏 먹고 다음 날 해장으로 곰치국을 먹을 수 있었다.

이후 영광원자력에 6년 정도 근무했고, 현재 나주에서 1년 살았으니 7년째 남도 땅에서 살고 있는 셈이다. 영광에 있을 때는 기회가 될 때마다 남도의 향토음식을 먹으러 다녔다. 매주 복권을 구입하던 직원들을 포섭하여 언젠가는 이곳을 떠나야 할 테니 남도에 살고 있을 때 남도음식을 먹으러 다녀야 한다고 법성포 굴비정식, 덕자찜, 풍천장어, 능성어회, 담양 암뽕순대, 송정 떡갈비, 목포 민어회, 여수 새조개, 백수 백합, 순천 피조개 등 지역특산물을 먹으러 다녔다.

나주에 내려와서도 맛있다는 음식점을 찾아다닌다. 알싸한 홍어는 일상적 음식이라 광주와 나주의 어느 한정식집이나 기본 메뉴로 나오지만 그래도 제대로 된 홍어 맛을 보기 위해서는 영산포 홍어거리를 찾아야 한다. 흑산도 홍어가 귀하니 많은 홍어집에서는 아르헨티나 또는 칠레산 홍어를 삭히고 있으나 그래도 홍어거리의 홍어 맛이 일품이다. 이외에 짱뚱어탕, 무안의 세발낙지, 목포 꽈배기(웬 꽈배기? 이 지역에서는 목포 꽈배기가 고유명사화 될 정도로 유명하다. 미친놈이라 할지 몰라도 휴일에 시간 남으니 꽈배기 먹으러 목포 가는 멋도 있다.), 나주곰탕, 수구레국밥(요즈음 분들은 수구레를 모른다. 수구레는 소를 도살한 후 가죽을 벗길 때 묻어 나오는 기름도 아니고 고기도 아니고 가죽도 아닌 것인데 소고기가 귀한 시절에는 이것으로 국을 끓였고 1960년대 중반인지 정확히 기억할 수 없지만 어렸을 적에 미군부대에서 신다 버린 군화를 양잿물에 불려 수구레 국을 만들어 팔았다 하여 사회문제화된 적이 있었다.), 구진포 장어, 함평 한우, 무안 짚불구이 삼겹살 등 서울에서 일부러 차 몰고 와서 먹어야 되는 음식을 맛보러 다닌다.

남도는 예전부터 음식문화가 발달된 곳이기도 하지만 인심도 남도를 빼놓을 수 없다. 이름 없는 음식점에 들어가도 기본반찬이 너무

풍성해서 모두 먹을 수 없을 정도지만 반찬을 더 달라고 해도 인상 쓰지 않는다. 남도 사투리가 아닌 서울 말씨로 "이것 맛있는데 조금만 더 주세요!" 한 마디면 가격이 꽤 나갈 것 같은 반찬도 내어 놓는다. 광에서 인심이 난다고 해산물과 농산물 먹거리가 풍성한 지방이라 그런지 맛도 그렇지만 음식인심도 전국 최고일 듯하다.

　영광에서 낚시할 때, 농부들은 새참 먹을 때마다 같이 먹자고 손을 잡아끌어 못 이기는 체 따라가 신세지곤 했는데 나주에서는 새참을 얻어먹지 못했다. 인심이 사나워져서가 아니라 요즈음에는 영농주식회사에서 경작을 대신해 주니 농부들을 보기 힘들어 새참을 얻어먹지 못한다.

　농부님들 대신 사무실 청소를 담당하시는 아주머니께서 정성스레 준비하신 진귀한 음식을 맛보고 있다. 나주가 고향이신 아주머니는 혼자 사는 기러기가 딱해 보였는지 손수 만드신 몸에 좋다는 음식을 챙겨주신다. 철마다 집에서 기른 방울토마토, 고구마, 땅콩 등 농작물을 맛보게 해주신다. 이외에 구운 달걀도 직접 만들어 제공해 주시고 하루 한 수저씩 먹으면 좋다는 생 들깨도 챙겨주신다. 봄에는 직접 채취해서 덖은 수제 냉이차를, 여름에는 시원한 식혜, 추석 즈음에는 수정과를 갖고 오신다. 엊그제는 생강을 저며 울금가루를 묻힌 울금 생강편을 주셨는데 이것은 태어나서 처음 먹어보는 것이다. 아주머니께서는 이외에도 오메기떡, 모싯잎 송편 등 수없는 음식물을 제공하고 계신데 내가 다른 복은 없을지 몰라도 먹을 복은 타고 난 것도 있지만 남도의 인심이 다른 지방하고 다른 원인이 크다.

아침 일찍 출근해서 일하는 아침형 인간이다 보니 아주머니보다 일찍 나왔는데 요즈음에는 아주머니 출근시간이 훨씬 빠르다. 내가 불편해 할까 봐 아주머니께서는 4시 30분에 출근하셔서 내 방을 정갈하게 청소하고 정리해 놓는다. 이것도 남도인심의 단면이 아닐까 한다.

아주머님께 해드리는 것은 기껏해야 보는 책을 빌려드리는 것 밖에 없다. 일찍 출근하시는 아주머니가 고마워 책상 위에 쌓여있는 책을 나눠 보기 시작했는데 아주머니께서는 그것이 고맙다고 먹을거리를 챙겨 오시며 나는 매일 얻어먹기 미안해 가끔씩 생기는 소품들을 선물해 드린다. 진귀한 음식, 책, 선물들이 뫼비우스의 띠처럼 무한 반복되고 있어 예술의 고향 남도 땅에 와서 남도 인심을 배워가고 있는 중이다.

니미츠 愛人의 선물은 꿈과 희망이었다

　　권투경기와 같이 배[船]에도 體級이 있다. 배수량을 기준으로 10만 톤급, 5만 톤급으로 분류하기도 하고 컨테이너 적재량을 갖고 분류하기도 하며, 울산함, 로스앤젤레스 급같이 地名의 고유명사로 체급을 분류하기도 한다. 또한 해당국 偉人 이름이 붙는 경우도 있는데 子子孫孫 명예로운 일이다.

　　우리나라 군함인 대조영함은 이순신 급이고 미국의 항공모함인 레이건호는 니미츠 급이며, 최근 개발한 고속정에는 서해대전 시 散華한 윤영하 함장의 이름을 따서 윤영하 급 201호라고 붙이고 있다.

　　미국 항공모함의 체급을 보면, 니미츠 급은 배수량 91,700톤, 길이 332.9미터, 폭 40.8미터, 엔터프라이즈 급은 배수량 90,970톤, 길이 331.6미터, 폭은 40.5미터, 키티호크 급은 배수량 81,123톤, 길이 318.8미터, 폭 39.6미터이다. 니미츠호는 세계에서 가장 큰 핵추진 항공모함이다. 갑판 길이가 300미터를 넘고 높이는 62미터로, 축구장 3배에 달하는 엄청난 크기이며 니미츠 급 중의 최고이다.

　　미 해군사관학교(U.S. Naval Academy)를 졸업한 니미츠 소위가 근무하던 함정에 해군대장이 방문했다. 행사시작 전 갑자기 대장 계급장이 망가지자 급하게 방송으로 혹시 대장 계급장을 가지고 있는 자는 빨리 본부로 가져오라 했다. 니미츠 소위가 근무하는 부대는 대장급 제독이 지휘하는 부대가 아니었지만 혹시나 해서 연락했는데 니미츠 소위가 대장 계급장을 가지고 왔다. 행사가 끝난 후 해군대장은 니미츠 소위를 불러 어떻게 대장 계급장을 갖고 있는지 궁금하여 물었다. 니미츠 소위가 任官式 때 훌륭한 해군제독이 되도록 늘 자신을 위해 기도하던 애인의 소망이 담긴 선물이었다고 말하자, 해군대장은 니미츠에게 반드시 그렇게 될 것이라고 격려해 주었다.

니미츠 제독(Chester William Nimitz)은 미국 역사상 최고의 해군제독이며, 일본의 진주만 공격 이후 제2차 세계대전 중 태평양함대 사령관으로 발탁되어 일본해군을 완전히 섬멸시켜 지상의 맥아더 장군과 함께 해상에서 태평양전쟁 승리의 牽引車 역할을 했다. 특히 미드웨이 해전에서는 眞珠灣에서 당한 손해의 10배를 일본해군에게 갚았다. 일본은 도저히 회복할 수 없는 피해를 입게 되었으며 전세가 완전히 기울게 되었다. 일본이 항복하자 누가 일본 천황의 항복을 받을 것인지 논란이 일었다. 미국 육군과 해군이 큰 논쟁을 했으나 결국 나이가 많은 맥아더 원수가 연합군 대표로 항복을 받았고, 니미츠는 미국을 대표하여 항복을 받았다. 그러나 일본의 항복문서는 1945년 9월 2일 도쿄灣에 있는 그가 지휘하는 사령선인 미주리호 선상에서 조인했다.

1944년 12월 니미츠는 신설된 최고 직책인 海軍元帥로 승진했고, 제2차 세계대전이 끝난 뒤에는 해군참모총장으로 근무(1945~1947)했다. 세계 전쟁사에서는 한국의 이순신 장군, 영국의 넬슨제독과 함께 역사상 가장 위대한 3대 해군제독으로 꼽고 있으며, 미국은 이를 기리기 위해 지금도 세계에서 제일 큰 항공모함을 니미츠 급이라고 명명한다. 그래서 니미츠 급 첫 항공모함 이름이 니미츠호가 되었으며, 그 후로 니미츠 급 항공모함은 7대가 건조되어 임무를 수행하고 있다.

니미츠가 해군제독이 되고 惡의 軸이었던 일본을 潰滅시키게 된 계기는 애인의 작은 선물이었다. 소위 임관 기념으로 대장 계급장을 선물한 애인이 니미츠에게 커다란 꿈과 희망을 갖게 해주었고, 꿈을 이루기 위해 노력한 니미츠는 별 다섯 개인 해군원수로 퇴역했다.

'꿈은 이루어진다.'는 생각으로 꿈을 갖고 행동하면 불가능이 가능으로 변한다. 2002년 월드컵 4강을 달성한 것은 아직도 神話로 불리고 있지만, 이는 히딩크의 마법이 아닌 대표선수들에게 심어준 꿈의 산물이었다. 1982년에 460만 불(약 50억 원)의 소규모로 해외공사를 시작했던 우리 회사가 2009년에 2,000억 원의 해외 수주실적을 올린 것도 신화에 가까운 일이지만, 현재와 같은 추세라면 신화는 계속될 것 같다. 회사 전체가 더욱 커다란 꿈을 꾸고 있으니 조만간 꿈은 이루어질 것이다.

Nipple Cap과 매니징 스타일

서번트리더십, 카리스마리더십 등 여러 가지 리더십이 있으나 Path Goal Theory에 따르면 리더십은 매니저 역할에 따라 지시적, 후원적, 참여적, 성과 지향적 4가지로 분류된다. 성숙도가 낮은 신입사원에게는 지시적 리더십이 효과적이고, 중견직원에게는 후원적 리더십이 효과적이라는 이야기이니 대상과 상황에 따라 리더십을 발휘하는 것이 원안일 것이다. 하지만 리더십은 리더의 성격에 따라 지시성향이 강해질 수도 있고 후원적 리더십 비중이 커질 수 있다. 하지만 내 경우는 성격과 리더십이 일치하지 않는 듯하다.

성격이 매우 까칠하고 꼼꼼하며 바늘로 찔러도 피가 나올 것 같지 않지만, 매니징 스타일은 방목형이며 리더십 스타일은 위임형과 성과 지향형에 가깝다. 좁쌀영감처럼 잔소리가 심할 것 같으나 팀장과 차장들 업무처리와 팀 운영방식에 대해 시시콜콜한 사항을 따지지 않는다. 기한 내에 소정의 성과를 내고 지향하는 방향이 맞으면 직진해서 가든 우회하여 가든 본인에게 일임한다. 특별한 경우가 아니면 팀장 업무 스타일을 존중해 주는데 모로 가도 서울만 가면 된다는 생각도 있지만, 업무를 추진하는 팀장들이 편한 방향으로 놓아두는 것이 정신적 만족도를 높이고 효율을 높일 수 있기 때문이다. 업무가 끝난 다음에는 예전에 이렇게 해보니 더욱 좋은 성과가 나오더라는 이야기는 잊지 않는다.

동양철학에서도 리더십을 다뤘다. 한비자는 3류 리더란 자기능력만 이용하고, 2류는 남의 힘을 이용하며, 1류는 남의 지혜를 이용한다 했는데, 서양학자들보다 구체적이지 않지만 한비자는 법가에 속하는 사상가로 다른 사상가보다는 구체적인 방향을 제시한 편이다. 동양의 리더십 이론은 서양에 비해 과학적인 면에서 뒤질지 몰라도 원리와 상대방과의 관계적 측면에서 뛰어나다. 공자, 맹자의 경우에는 우선 본인의 처신과 역지사지를 잘해야 한다는 데 방점을 두고 있다.

나는 넓은 울타리를 치고 울타리 내에서의 행동은 이해하며 넘어가지만 울타리 밖으로 탈출하는 사람에 대해서는 냉정하게 처리한다. 현장업무를 마친 직원이 사무실 내에서 의자에 편하게 앉아 졸거나 소설책을 봐도 잔소리하지 않는다. 전날 먹은 술로 숙취해소를 위해 라면을 끓이는 직원이 있다면 같이 먹자고 젓가락을 들지, 라면 냄새 난다고 짜증내지 않는다. 하지만 남들에게 피해를 주는 행동을 하거나 평소 업무태도가 좋지 않은 직원에게는 따뜻하게 대해본 기억이 없다. 회사를 그만두라고 권하던가 아니면 다른 사업장으로 가라는 이야기는 많이 한다.

이런 경우에는 꼼꼼하게 기록되어 있는 일기책을 바탕으로 한다. 인간관계에서 오는 후광효과를 없애기 위해 매일 기록하고 있는 일기책에는 지시사항과 당일 발생된 상황, 개인별 면담내용, 조직 내 여론 동향 등 별것도 아닌 내용들이 소상히 기재되어 있다. 몇몇 후배들은 살생부라고 부르나 분명 일기책이다. 당사자에게는 살생부로 작용할 수 있으나 평범한 일기책에 불과하다.

조직 내에서 지켜야 할 규칙이나 법칙도 미국식 성문법보다 영국식 불문법 체계를 선호한다. 법칙을 정해 놓고 일하다 보면 허점이 생기는데 빠져나가려는 자는 허점을 보완하는 속도보다 빠르니 애꿎게 규칙을 따르는 선한 직원만 고생하는 사례를 많이 봤다. 성문법이 아무리 발달해도 처벌하지 못하는 범죄도 많고 탈법을 저지르는 자의 머리를 국회가 따라가지 못한다.

젊은 시절, 미국 플로리다 탬파에 출장 갔을 때 일이다. 크리스마스 즈음인데도 날씨는 초여름처럼 따뜻했다. 업무를 끝내고 나이트클럽에 가니 손님들 복장은 반팔이고, 가끔 비키니를 입은 아가씨도 보였다. 바로 그곳이 선남선녀들이 노는 무릉도원이었다. 상의를 벗은 半裸의 웨이트리스들이 서빙하고 있었는데 자세히 보니 모두들 가슴의 Nipple 부위에 백 원짜리 동전보다 작은 투명 Cap을 붙이고 있었다. 호기심이 발동하여 웨이트리스에게 수작을 붙였다.

"네가 이곳에서 가장 아름답다. 질문 하나 해도 되니?"

"고마워. 질문해 봐."

"Nipple Cap을 왜 붙이니?"

"플로리다 主法에 완전노출을 금지하지만 부분노출은 허용한다."

"벗은 것과 똑같은데 그렇게 조그만 투명 Cap을 붙이고 있다고 不

法이 아니란 이야기냐?"

"Cap을 붙였으니 완전노출이 아니다. 부분노출이므로 이것은 合法이다. 아무런 문제가 없다."

"신기하다. 무엇으로 만들었는지 궁금해서 그러는데 만져 봐도 되니?"

"그래, 만져 봐. 그런데 살을 만지면 不法이다."

"물론이지."

스트리퍼의 살을 만지면 불법이지만 나는 Nipple Cap의 재질을 파악하고자 만져 보는 과정에서 스트리퍼의 부드러운 살이 손에 닿은 것뿐이니 불법은 아니다. 이처럼 성문법을 아무리 잘 만들어도 국회의원을 비웃듯 비닐 Cap 하나로 법망을 빠져나가는 나이트클럽 사장님도 계시고, Cap의 재질을 파악하기 위해 만지겠다면서 접촉부위를 넓히는 얍삽하게 불법을 자행하는 인물도 있다. 어떻게 성문법이 이렇게 얍삽한 인간들의 불법행위를 막을 수 있단 말인가.

19세기 영국 철학자 존 스튜어트 밀은 ≪자유론≫에서 "자신과 관련된 일에 대해서는 어떤 결정을 내리든 본인 자유지만 타인과 관련된 일에 대해서는 법적, 사회적 책임을 져야 한다."고 했다. 내가 속한 조직 내에서도 개인이 준수해야 할 규범들이 있으나 극히 기본적인 것만 정하고 나머지 사항은 양보와 배려를 기본으로 개인 양심에 따르고 일반적인 사회적 합의수준의 상식이 통하는 문화가 조성되었으면 한다.

마지막으로 플로리다에서 있었던 일탈은 대선후보였던 H씨의 돼지

최음제 사건과 비슷하게 공소시효도 경과했고 혈기왕성한 젊은 날의 사건이었으므로 애교로 봐주기 바란다.

정의가 승리할까

君子란 학식이 높고 행실이 어진 된 사람을 말하며 小人은 도량이 좁고 간사한 사람을 지칭하는데, 한비자는 인간본성을 "이해득실만 따질 뿐 도덕성은 생각하지 않는다."라고 했으니 인간본성을 소인으로 규정했다. 그래서인지 한비자뿐 아니라 모든 고전에서는 명리를 쫓는 소인이 되지 말고 열심히 공부하여 덕을 쌓은 군자가 되어야 한다고 가르친다. 그러나 예전에도 그랬듯 현대에도 소인이 더욱 많으며 군자가 소인을 이기기 어려운 것이 현실이다. 이유는 군자는 사익보다 공익을 우선시하며 도를 벗어나지 않는 등 행동예측이 가능하기 때문일 것이다. 중국 속담에도 "군자는 소인을 이길 수 없다."는 말이 있다. 소인은 온갖 계략과 음모를 동원하고 이익에 철저하기에 군자를 이길 수 있다. 하지만 군자는 사소한 일에 지더라도 큰일에 이기는 법을 알고 있다. 역설적이게도 소인에게 지는 이유가 도이나, 이길 수 있는 것도 도 때문이다.

공자는 군자가 명심해야 할 필수덕목으로 사려 깊이 생각하고 의롭게 행동할 것을 강조했다. 볼 때는 밝은 것을 생각하고, 들을 때는 슬기로운가를 생각하고, 얼굴빛에서는 따뜻함을 생각하고, 말에서는 진실 됨을 생각하고, 일에서는 경건함을 생각하고, 의문 나는 것에서는 질문을 생각하고, 분노 앞에서는 폐해를 생각하고, 이익 앞에서는 의로운가를 생각하라 했다.

이런 교육을 받고 행동하는 군자들은 소인보다 임기응변에서도 뒤지고 행동이 빠를 수도 없었을 것이기에 정도를 걷는다는 것은 불편하고 손해 보는 길을 가는 길이나, 험한 길을 마다하지 않고 가는 사람들이 있다.

평소 말 없고 성실하며 책임감 있는 과장님, 사업장 내에서도 우수 직원인 그가 술자리에서 이야기했다. "제가 상무님 업무하시는 것을 보고, 또 Talk Concert 이야기를 들으면서 살아가는 방법을 바꾸려고 생각했습니다. 제가 맡은 일만 똑바로 하면서 조용히 사는 것이 최선이라 생각했는데 앞으로 정의롭고 남을 위해 봉사해야겠다는 생각을 했습니다. 그래서 여러 번 고사했던 조합의 부위원장직도 수락했고요. 시간 나면 커피나 막걸리 한잔하며 많은 이야기를 듣고 싶습니다."

순간적으로 당황했다. '정의? 내가 어떤 이야기로 썰을 풀었기에 그러는 것일까?'

"제 방문은 항상 열려있으니 언제든지 오셔도 됩니다. 그리고 정의 이야기를 하셨는데 우리가 사는 세상은 생각하는 것처럼 정의롭지 않아요. 서부영화를 보면 항상 악당이 죽는데 실은 그렇지 않았어요. 보안관이 엄청 죽었고 심지어는 보안관은 기피직종이 되기도 했어요.

그래서 영화에서만이라도 善이 惡을 이기는 것으로 그려 대리만족을 즐기는 것이지요. 세상사람 모두 자기의 이익과 명예를 위해 못된 짓도 마다 않는 세상인데 그나마 이 세상이 살맛나게 유지되는 이유는 과장님같이 바르게 살아야겠다고 마음먹는 사람들이 있기 때문이지요. 그렇게 생각하는 사람들이 많아져야 선진국이고, 우리나라도 변하고 있지요."

GT정비기술센터에서 1년 동안 Talk Concert를 진행하며 인문학에 대해 짧게 소개했다. "세상과 인생을 넓고 길게, 때로는 자세히 봐야 합니다. 우리가 보고 생각하는 것은 말 타고 지나가는 사람을 좁은 골목길 안에서 보는 것과 같고 蝸角之爭과 같다고 보면 됩니다. 인문학을 공부하면 여러 가지 효과가 있는데 지금까지와는 다른 방식으로 세상을 볼 수 있게 되고, 고난이 닥쳐도 삶을 견디는 기술을 습득할 수 있으며, 배려 · 양보 · 역지사지로 인간관계를 강화할 수 있습니다."

과장님이 삶의 방식을 바꿔야겠다고 이야기한 것은 내 영향을 받았다기보다는 평상시 생각에 촉매 정도의 역할을 했을 것으로 생각된다.

순자가 性惡說을 주장하며 인간본성은 이익을 좋아하고 손해를 싫어하며 좋은 목소리와 예쁜 용모를 탐하는 성향이 있어 본성대로 욕구만 따라간다면 다툼이 일어나고 사회질서가 문란해진다 했는데, 이는 한비자가 주장한 "인간이란 이해득실만 따질 뿐 도덕성은 생각하지 않는다."라는 말과 맥을 같이한다. 이에 반대되는 이론은 맹자의 性善說로 인간의 본성은 본디 선하다는 것인데, 굳이 따진다면 내가 믿는 것은 성선설이며 정의와 진실을 이기는 힘은 없다고 생각한다.

　모든 액션영화의 전개는 평화로운 마을-악당 출현-악당의 횡포와 정의에 대한 박해-정의에 대한 대중의 깨달음과 영웅부활-악의 추방-다시 찾은 마을의 평화로 상투적이기까지 하지만, 영화의 전개와 우리가 살아가는 모습은 닮아있다. 순간적으로는 군자가 소인을 이기기 어렵고 악당이 정의를 이길 수 있지만, 넓고 길게 보면 결국에는 군자와 정의가 승리한다. 다만 정의를 지키는 과정은 대가 없이 얻어지는 것은 아니며 시간도 다소 소요된다.

말도 잘하고 글도 잘 써야 한다

말 잘하는 것이 쉬운 일이 아니듯 글 잘 쓰는 것도 쉬운 일이 아니다. 잘못하면 舌禍와 筆禍를 당하는 경우도 있고 잘하면 言辯또는 筆力 있는 사람으로 인정받는다. 조리 있고 간결하게 핵심을 전달하는 능력은 제목에서부터 나타나는데, 내 경우는 글쓰기보다 제목을 붙이는 것이 더욱 어려운 것 같다.

공기업은 매년 경영평가를 받아 인센티브를 정하게 된다. 평가교수단은 경영평가보고서로 작년도 실적을 평가하니 보고서 잘 쓰는 작업은 전 직원들의 인센티브와 관련되어있어 매우 중요하다. 경영평가보고서를 쓰는 후배들에게 하는 이야기가 있다. "우선 제목을 잘 뽑아야 한다." "읽고 평가하는 사람의 눈길을 끌어야 하니 식상한 제목보다는 기발한 제목이 효과적이며, 제목만으로도 보고서 내용의 함축된 의미가 전달되면 더욱 좋다." 말은 그렇게 해도 내가 보고서를 썼던 시절, 그렇게 멋들어진 제목을 뽑아냈는지는 의문이다.

예전 현장 전기팀장 시절, 私報에 1년 넘게 連載글을 기고한 적이 있었다. 끄적거리는 것이 취미이니 직원들과 보내는 일상을 그리면 한 꼭지 원고가 금방 생산되지만 제목을 붙이는 작업이 어려웠다. 원고를 써놓고 고민한 결과 연재이니 '전기팀 이야기'로 통일하면 어떻겠느냐고 사보 편집자에게 고충을 털어놓았더니 편집자가 제목 뽑아주는 일을 감당했다. 매월 원고를 보내면서도 어떤 제목이 붙여질까 하고 筆者가 궁금해하는 기현상이 벌어졌다.

사내 게시판을 이용하여 300여 회의 글을 연재한 요즈음에는 제목 작명하는 고민을 덜하지만 제목에 따라 조회수가 좌우되는 것을 보면 제목이 구독자 마음을 훔치는 데 중요하게 작용한다는 분명한 傍證이나 최근 중앙지에서도 선정적인 제목을 뽑아 기사내용을 과대 포장하는 것을 보면 도가 지나쳤다는 생각이 든다. 제목만 보고 내용을 읽지 않는 독자들은 진실을 오해할 수 있기 때문이다.

얼마 전 안타깝게도 우리 회사 직원과 협력업체 직원이 안전사고로 사망했다. 원자력 분야에서 보기 드문 안전사고였다. 해당 작업을 수행한 직원은 베테랑 잠수부였고, 협력직원은 잠수부는 아니고 잠수일을 도와주는 보조 직원이었다. 직원이 수심 1미터, 해수거품 2미터인 상황에서 작업하다가 신호가 없어 협력직원이 생명줄을 당겨보니 호흡기만 딸려 나왔다. 협력직원은 정식직원과 오래도록 일을 같이한 직원으로 "우리 형님에게 무슨 일이 생긴 것이 분명하다."며 관리자의 만류를 뿌리치고 호흡기를 끼고 물속에 뛰어들어 본인도 사망한 사건이다.

만약 신문이 협력직원의 義俠心과 同僚愛에 대해 부각시켰다면 상황이 달라졌을 수 있다고 생각했다. 美談으로 소개되었을 사건이 안전 불감증 등으로 기사화되었다. 만약 기사 제목이 '동료의 殺身成仁, 그러나 …'로 되었다면 亡者에게도 명예로운 일이었을 것이나, 원전비리, 원전사고로 몸살을 겪고 있는 즈음 '안전 불감증'이란 제목을 뽑았으니 망자 명예도 훼손된 것이 아닐까. 물론 신의 직장이라는 공기업에 종사한다고 손가락질 받는 전력업계 종사자들의 의욕도 저하시켰다. "신의 직장에서 왜?" 위험하고 병원과 학교도 없는 奧地에 있는지 모르지만 말이다. 물론 안전사고가 발생했으니 안전 불감증이란 기사 제목이 틀렸다는 것이 아니라 도매금으로 싸잡아 매도하는 말이나 글은 얼마나 쓰기 쉽고 상대방에게 상처 주는 것인지 기사 쓰는 사람들은 염두에 두지 않았을 듯하다.

언론인으로 오래 재직하셨던 선친께서는 후배기자들과 술자리에서 매번 기자의 자세와 정신을 강조하셨다. "기자들은 '엠바고(Embargo : 일시적 보도중지)'와 '오프 더 레코드(Off the record : 보도 제외)'를 지켜야 하고 거론된 당사자의 권익을 존중해야 한다."고 입버릇처럼 말씀하셨다. 당신도 〈경향신문〉〈서울신문〉에서 편집부장, 주간국장, 논설위원을 하시면서 이를 충실히 지키셨던 것으로 알고 있다. 선친께서는 당시에 파격적인 ≪선데이 서울≫이라는 주간지를 만드셨는데, 연예인들의 醜聞은 될 수 있는 범위 내에서 보도를 자제하고 사건의 윤곽이 밝혀질 때쯤 기사화 하셨다. 신문이란 빠른 보도가 생명이지만 만에 하나 있을지도 모를 誤報가 해당 연예인의 생명을 좌지우지할 수 있기에 조심하셨다. 덕분에 누이 결혼식에 앙드레김을 포함한 수많은 연예계 인사들이 축의금을 보냈는지 모른다. 앙드레김 선생 본명은 김봉남인데 초창기에 앙드레김이 아닌 김봉남으로 기사화되었다면 앙드레김이 디자인한 옷이 그렇게 고상해 보이거나 유명해지지 않았을 듯하다.

칼은 육체에 상처를 남기고 말과 글은 마음을 다치게 한다. 말도 잘해야 하지만 글도 잘 써야 한다. 남의 마음이 다치지 않도록….

돈은 얼마나 있어야 행복할까

대표적 인문학자들은 행복이 일·공부 등 여러 군데에 있다고 말하지 돈에 있다고 한 분들은 없다. 돈이 인생의 전부이고 행복일까. 자주 이야기되는, 그래서 진부한 주제이기도 하다. 또한 속물취급 받을까봐, 또는 품위 없어 보일까 봐 돈이 인생의 전부라고 이야기하지 못하는 경우도 있을 것이나, 오늘은 솔직한 이야기를 해보려 한다.

행복하다고 느끼려면 연 1억7,400만 원을 벌어야 한다. 미국의 경제전문채널인 CNBC가 13개국을 조사한 결과 두바이가 27만6,150불, 싱가폴이 22만7,553불, 독일은 13위로 8만8,781불이었다. 하지만 행복이라는 것 자체가 주관적인 개념이고 돈이 항상 행복을 보장하는 것은 아니다.

자본주의 사회이니 돈이 필요하다. 휴일이면 가장들이, 서민들이 고달프다 하는데 결국에는 돈이 문제다. 다른 가족들은 해외여행 다니고 외식하는데 우리 가족은? 남과 비교해 바가지 긁으면 자존심까지 구기게 된다. 사택생활을 하게 되는 우리 회사 직원들 마음은 더욱 편하지 않다. 옆집 원자로팀 아무개는 새로 나온 대형차로 바꿨는데,

터빈팀 아무개는 피아노를 새로 사고, 전기팀 아무개는 가전제품을 바꿨는데…. 사실 奧地에 살면서 쇼핑하는 것 말고 사모님들에게 樂이 별로 없으니 덩달아 바꿔줘야 가정이 행복하다. 이처럼 모든 것이 돈과 연관되며 요즈음 세상은 움직이면 돈이다.

돈이 인생의 전부는 아니지만 하고 싶은 일을 할 수 있게 해준다. 본인 노력으로 부자가 되는 것은 박수 받을 일이지만 우리나라에서 재벌이 또는 자본가가 경원시되는 것은 부정축재가 가장 큰 원인이나 최근 몇 년간 평등을 중요시하는 진보와 친해진 이유도 있다. 열심히 노력해서 정당하게 부를 축적한 사람은 경원시할 대상이 아니라 경외시해야 한다.

승용차도 피아노도 장롱도 돈이 있어야 바꾸지만 그렇다고 돈이 모든 것을 해결해 주지 못한다. 재물이 쌓일수록 마음은 풍족해지지 않는다. 이것은 내 주장이 아니다. 〈디모데 전서〉 6.17에는 덧없는 재물에 소망을 두지도 말며, 〈누가복음〉 12장에도 어리석은 부자가 재물을 쌓아두기 위해 큰 창고를 지으려 하자 하나님께서 "어리석은 자여, 오늘밤에 네 영혼을 도로 찾는다면 네 재물은 누구의 것이 되겠느냐?" 하는 구절이 있다.

그래서 돈이 모든 것을 해결해 주니 인생의 전부라는 말은 정답이 아니며, 물질만능은 천박한 자본주의에서 태어난 것이다. 물론 나와 가족의 편의를 위해 돈이 필요하지만 돈을 쓰면 쓸수록 마음이 허전해지는 것을 보면 돈이 만능은 아니다.

온 세계인이 평등하게 잘살 수 있다는 마르크시즘의 확산은 실패로 끝났으며, 돈 많은 자본가들도 돈이 모든 것을 해결해 주지 않는다는 것을 알았다. 물론 따뜻한 자본주의가 등장하면서 마르크시즘이 몰락했는가는 학술적인 고증과 검증을 거쳐야 하지만, 일반대중들이 경원시하던 자본가들이 주위를 돌보기 시작하면서 마르크시즘이 종말을 맞은 것 아닌가 하는 것이 내 생각이다. 현 시대에서는 부자가 되려면 든든한 재력은 물론 마음도 풍성해져야 한다. 아니 마음이 먼저 부자여야 한다. 돈은 많으나 마음이 빈한하면 얼굴이 편안해 보이지 않지만, 돈은 없으나 마음이 부자면 얼굴에서 여유가 흘러넘친다.

입사해 같은 출발선상에 서는 사람들이 매년 몇 백 명이다. 신입직원들이니 같은 조건, 같은 지점에서 출발하나 시간이 가면 갈수록 격차가 벌어진다. 물론 진급에서도 차이가 나지만 思考의 격차가 많이 벌어진다. 직급의 격차는 주로 본인의 역량에 의해 결정되나 사고의 격차는 선배들에게 영향을 많이 받는다. 선배들의 사고가 출세 지향적이거나 금전만능주의적일 경우에는 바람직하지 않지만 후배도 그런 쪽으로 따라간다. 사내에서 성공했다고 평가받는 요인 중 하나는 분명 직급상승이지만, 존경할 만한 선배를 꼽으라 하면 직급보다는 인간 됨됨이를 먼저 떠올리게 된다.

후배로부터 선배대접을 받는 사람은 분명 직급만 높은 것이 아니다. 후배들이 어려워할 때 카운슬링을 해줄 만큼 마음이 부자여야 한다. 후배가 앞길을 찾지 못하거나 마음의 상처를 받았을 때 이를 치유해 주고 앞길을 제시해 줄 만한 능력이 있어야 좋은 선배이며, 마음속에 존경할 만한 선배로 자리 잡게 된다. 이것도 돈과 직급이 전부가 아니라는 반증이다.

　하지만 최근 시간 외 근무수당을 주지 않으니 일하지 못하겠다는 후배도 있더라는 이야기를 들었다. 일을 했으니 상응하는 대가를 받고 지급하는 것은 당연하지만 下手의 선배에게 일 배우고 인생을 배웠기 때문일까. 돈 때문에 일하면 보람을 찾을 수 없으니 이것은 本末이 잘못된 것이다. 회사는 특히 우리 회사 같은 경우, 근로자는 착취대상이 아니다. 정부의 지침에 따라 회사는 일한 대가로 집을 주고 자동차를 주고 해외여행 갈 수 있는 돈을 준다. 삶의 질을 향상시킬 수 있는 수단을 제공하는 것이 회사이다. 규정에 따라 하고 있지만 CEO라도 운신의 폭이 좁다. 정부에서 이미 정해 놓은 임금 범위 내에서 돈을 받는 것이고 대형차를 사든 해외여행을 가든 아니면 불우이웃을 돕든 그것은 본인들이 살아가는 방식과 가치관에 따라 결정해야 한다.

　예전에 같은 부서에서 근무하던 동료는 이미 30년 전 부모로부터 물려받은 재산이 100억 이상이었다. 동료이자 입사 선배였던 그는 좋은 선배로 인식되지 못하고 퇴직했다. 돈은 많지만 행복한 퇴직을 못 한 원인은 따뜻하게 베풀지 못한 것도 있으며 휴일마다 주체하지 못하는 돈으로 부동산을 늘리기 위해 동분서주하느라 여가를 즐기지 못한 것도 원인 중 하나이다. 따뜻한 마음 등 무형적인 재력과 100억 원의 유형적인 재력 간의 균형이 맞지 않았을 것이다.

　대학시절 1년간 친구 집에서 친구 동생을 가르치면서 입주 가정교사를 한 적이 있었는데, 시험 보고 온 놈이 "가정의 행복에 필요한 것이 무엇인가?"라는 문제에 '돈'이라고 했더니 틀렸다면서 나에게 따지듯 물었다. 자기 생각에는 돈이 있어야 가정이 행복한데 왜 답이 '화목'인가? 돈이 있어야 가정이 화목한 것이 아닌가? 하였다. 지금 같으면 돈보다는 화목이 우선이라고 자신 있고 조리 있게 대답해 줄 텐데 제대로 설명하지 못해 진땀을 흘렸었다.

아파트가 집사람 명의로 되어있기는 하나 30년 회사생활에 내가 법적으로 보유한 금전적 재산은 10년 된 중고차 한 대뿐이라 금전적 측면에서는 실패한 인생이다. 축재에 실패했기에 돈이 인생의 전부가 아니라고 주장하는 것이 아니라 축재에는 실패했지만 불행하게 살고 있지 않으니 돈이 전부는 아니라는 것이다. 누구나 중고생 시절에 공부가 인생의 전부인가 하는 의문사항을 가졌지만 선생님께서는 이렇게 답을 하셨다. 공부가 인생의 전부는 아니라도 학생의 전부는 될 수 있다고. 공부가 학생시절의 전부였으나 인생의 일부였듯 돈 역시 인생의 전부가 아닌 일부이다.

그러면 무엇이 인생의 전부일까. 나도 모른다. 사람들은 그것을 찾기 위해 고민하다 죽는다. 하지만 돈이 인생의 전부가 아니란 것은 확실하다. 위대한 先人들께서 이구동성으로 돈이 인생의 전부가 아니라 했는데도 우리는 선인들을 오해하고 의심한다. 혹시 진실을 감추고 있는 것이 아닐까 해서.

연말이다. 명동성당 앞 구세군의 빨간 냄비에도, 달동네에 연탄을 나르느라 까매진 얼굴과 손에도 행복이 가득하다.

행복은 어디에 있을까

幸福은 성적순이 아니라는 말에 많은 학생들은 공감할 것이나 부모님들 생각은 어떠할까. 요즘 世態를 보면 성적순으로 행복한 것은 아니며 성적순으로 성공하는 시대가 아닌 것은 확실해 보인다. 중고등학생 자녀를 둔 既成世代에서는 "맞습니다."라고 맞장구치시는 분이 있겠지만 막상 내 아이가 학교에서 꼴등한다면 맞장구를 쉽게 칠 수 없는 것이 우리나라 현실이다. 올해 대학에 들어간 큰아이는 철모르고 자유분방한 프레시맨의 행복을 만끽하고 있다. 會計士가 되는 것이 꿈인 큰아이는 머지않아 꿈을 이루는 것이 결코 쉽지 않다는 것을 깨달을 테고, 남들보다 많은 노력을 투자해야 하니 어쩌면 苦難의 길로 접어들었는지 모른다. 그러나 또 다른 목표를 찾아 힘든 길을 가는 과정에서 행복을 느낀다면 그것이 진정한 행복이라고 말해 주고 싶다.

큰아이에 비해 학업에서 뒤처지는 막내가 시험 때라고 도서관에서 새벽 2시까지 공부하는데 시험 보기 직전 자신이 없었는지 결과를 보지 말고 노력하는 과정을 봐달라고 한다. 그래 행복은 성적순이 아니니까. 학교에서 꼴등하는 것은 아니니까. 그래도 그런 이야기를 할 정도로 컸고 대견해 보이니 아이들을 바라보는 잣대와 수준은 매우 주관적인 것 같다. 아이들 커가는 재미를 느끼게 해준 작은놈에게는 학교에서 5등 해도 해외 패션 트렌드를 읽는 것은 1등이니 그것 또한 행복이라고 이야기해 주려 한다.

대학 다닐 때 가르쳤던 친구 여동생은 國民倫理 시험을 치르고 와서 "오빠, 가정의 행복에 제일 중요한 것이 뭐지?" '돈'이라고 답을 썼는데 틀렸다고 해서 선생님께 따졌다면서 아직도 분이 풀리지 않았는지 얼굴이 빨갛게 상기된 꼬마에게 '和睦'이란 정답을 설득시키면서 삐질삐질 땀을 흘렸던 기억이 난다. 사실 그때는 내 자신이 행복의 정의에 대해 논할 자격과 지식이 없었기에 교과서적인 이야기밖에 할 수 없었다. 그 꼬마는 결혼하여 아이를 낳고 중년이 되었으니 아이가 커가는 행복을 느꼈을 테고, 돈이 가정의 행복을 좌우하는 절대적인 척도가 아니라는 것을 깨달았을 것이다.

아이를 바라보는 잣대와 마찬가지로 행복을 느끼는 것 또한 주관적인 것이지 절대 객관적이지 않은 것 같다. 큰 차를 굴린다고 행복할 것인가. 넓은 아파트에 산다고 행복의 크기가 평수와 비례하여 커질 것인가.

집사람은 예전에 울진원자력에 근무했던 시절을 이야기한다. 아이들 데리고 한적한 계곡에 들어가 고기 구워 먹고 하루 종일 놀았을 때가 가장 행복한 시기였단다. 시부모 모시느라 가족들과 함께 놀러갈 시간이 많지 않았고 아이들도 공부에 전념할 때가 아니었으므로 별다른 걱정이 없었던 시기라 시원한 계곡에 들어가 삼겹살 구워 먹는 것에 행복을 느꼈던 것 같다.

또한 다른 직원들과 똑같이 회사사택에 사니 누구네는 큰 집에 산다고 비교할 필요도 없었고 몰고 다니는 차들도 고만고만했으니 낡은 차를 타고 다니면서도 시원한 계곡과 삼겹살 한 점으로 행복함을 느낄 수 있었다. 80평 아파트에 사는 사람도 없었고 벤츠나 아우디를 타고 다니는 친구도 없어 상대적으로 불행하다고 느낄 만한 요인이 없었던 것이 행복이었으니, 울진에서의 행복은 삼겹살 한 근이었다.

캐나다에 3개월 정도 머물렀었다. 연어, 송어가 잡히는 휴론호수(Lake Huron)를 배경으로 얕은 구릉 위 2, 3백 평 정도 너른 대지에 자리 잡은 하얀 집은 코디네이터 집이었다. 뒷마당에서 바비큐 파티를 하며 내가 그렸던 理想鄕이란 이런 것이 아닐까 생각했지만 그들도 고민거리를 갖고 있었다. 정부에서 소득세를 올린다고 하는데 월급은 제자리이고 세금을 많이 떼니 살기 팍팍하다는 것이 그들의 고민이며 행복을 半減시키는 요인이었다. 내가 보기에는 그림 같은 邸宅에서 아이들은 천사같이 예쁘며 부인은 예의바르고 본인은 유능한 엔지니어였으니, 모든 여건이 축복받은 것 같았다. 일요일에 온 가족이 교회 가는 단란한 모습을 보면서 내가 그리던 행복한 삶이었고 이상향이 아닌가 생각했지만 살기 팍팍하다며 고민하는 그들 모습에서 완전한 행복을 찾지 못했다.

각국의 幸福指數와 관련된 발표를 보면 선진국이 아니라 생활이 困窮할 것 같은 개발도상국 국민들이 가장 행복하다고 한다. 경제대국인 미국은 114등, 복지정책이 발달했다는 네덜란드는 43등인 반면 전혀 행복할 것 같지 않은 중남미 소국들이 10등까지 상위권을 차지한 것을 보면, 행복은 경제력에 의해 좌우되는 것이 아니라 현재의 삶을 어떻게 받아들이느냐에 따라 행복지수가 결정된다 할 수 있다. 행복은 내 마음속에 있고 우리가 땀 흘리며 일하는 현장에도 있으며 사랑하는 가족이 기다리는 작은 아파트의 보글보글 끓는 김치찌개에도 행복이 함께 끓고 있는 것이 아닌가 한다. 우리나라의 행복지수는 어떻게 될까.

다음은 신문기사 전문이다.

코스타리카가 세계에서 가장 행복한 나라라는 평가를 받았다. 영국의 싱크탱크 신경제재단(NEF)이 전 세계 143개국을 대상으로 기대수명, 삶의 만족도, 탄소발자국(환경오염 지표) 등을 평가해 국가별 행복지수(HPI)를 산출한 결과 중앙아메리카의 소국 코스타리카가 행복지수 76.1점으로 1위를 차지했다. NEF의 행복지수는 국내총생산(GDP) 같은 경제적인 부가 반드시 행복을 보장하는 게 아니라는 것을 시사한다. 코스타리카는 삶의 만족도에서 세계 최고였고, 평균 수명이 78.5세로 장수국에 속했으며, 에너지의 99%를 재생가능에너지로 충당했다.

한국은 행복지수 44.5점으로 중위권인 68위를 차지했다. 한국의 평균수명은 77.9세로 상위그룹에 속했으나 삶의 만족도와 환경 발자국에서는 중간 점수밖에 받지 못했다.

이번 조사에서 코스타리카와 함께 도미니카공화국(2위), 자메이카(3위), 과테말라(4위), 콜롬비아(6위), 쿠바(7위), 엘살바도르(8위), 브라질(9위), 온두라스(10위) 등 중남미 국가들이 상위 10위권 중 9개를 휩쓸었다. 베트남이 5위로 아시아권에서 유일하게 10위권에 들었다. 최하위 143위

국가는 행복지수 16.6점을 받은 아프리카 짐바브웨였다.

선진국 그룹에서는 네덜란드가 행복지수 50.6점으로 가장 좋은 성적인 43위를 차지했다. 미국은 행복지수 30.7점으로 하위권인 114위를 차지했고, 독일은 48.1점으로 51위, 프랑스는 43.9점으로 71위, 영국은 43.3점으로 74위를 차지했다. 중국은 57.1점으로 20위, 인도는 53점으로 35위에 각각 올랐다.

꿈을 이루는 방법

계획적으로 살아오지 못하고 엄벙덤벙 살았기에 막걸리 먹으면 후배들에게 이야기한다. 퇴직할 때 어떠한 모습을 원하는가. 별을 달았다고 표현하는 처장이 되어 퇴직하기를 원한다면 지금부터 인생설계를 해야 한다. 당장 처장이 될 수 없으니 몇 세에 부장이 되고 처장은 몇 세에 될 것인지 설계해야 한다.

입사해서 차장이 되려면 4년, 부장 6년, 부처장 4년, 처장 2년, 총 16년이 경과해야 하나 실제로 처장이 되려면 25년~30년 정도 소요된다고 봐야 한다. 부장이 되기 위해서는 차장시절에 자격증을 취득해야 하고 어학성적도 취득해야 한다. 또한 업무적으로 두각을 나타내야 하니 각 처, 실에서 요구하는 사항들에 대해 똑바른 해답을 줘야 하며 외연을 넓혀야 한다. 초임차장부터 부장이 되는 최단기간이 6년이니 6년간 어떻게 생활해야 할지 6년을 Break Down하여 1년차 자격증 취득, 2년차 어학학원 등록, 3년차 어학시험 응시 등 부장이 되기 위한 계획을 만들어 차근차근 수행해 나가야 한다.

읽는 분들은 공자 말씀 같다고 하시겠지만 우리 회사에서 승진의 왕도 또는 지름길, 샛길 모든 길을 모아봐야 이 방법 이외에는 없다. 하지만 나를 포함한 많은 사람들은 대비책이나 계획 없이 살아오느라, 또한 멘토 없이 이 길을 오느라 힘들었다.

물론, 인생 사는 방법은 여러 가지가 있다. 꼭 처장이 되어야 하는가. 아니다. 직원으로 퇴직해도 된다. 본인이 생각할 때 진급하는 것이 행복이라 판단되면 진급해야 하고 현장기술자로 퇴직을 하는 것이 행복하다고 판단되면 직원으로 퇴직해도 된다. 또 모든 직원이 처장이 되는 것은 불가능하다.

우리 회사는 직원 5,000여 명에 처장이 32명이니 0.6%만 처장이다. 하늘의 별따기 같지만 입사 후 퇴직 시까지 30년을 근무하고 처장 재임기간을 5년으로 본다면 이론적으로 매년 6명꼴로 처장이 될 수 있다. 우리 회사 식구가 5,000명이니 중도 퇴사자 포함 1년에 200명이 입사해서 동기생 중 3%인 6명은 처장이 될 수 있다는 이야기다. 삼성, 현대 등 대기업에도 1% Rule이 있다. 100명이 입사해서 1명만 임원이 된다는 것이니 대기업보다 우리 회사 여건은 나쁘지 않다.

선인들이나 선배들의 이야기를 들어봐도 준비되지 않은 사람은 꿈을 이룰 수 없다고 이구동성으로 이야기하고 있다. 꿈을 이루는 방법에 대한 선배님들의 이야기를 모아보았다.

무엇이 되고자 하는가. 그것을 먼저 자신에게 말하라. 그리고 해야 할 일을 행하라. 나는 그렇게 '되고자 하는 그 무엇(꿈)'을 먼저 쓰고 해야 할 일을 했다. 설령 불가능해 보이고 허무맹랑한 꿈일지언정 그 꿈에 도전하고 또

도전했다. 그리고 기적처럼 많은 꿈이 이루어졌다.
- 그리스 철학자 에픽테토스

모든 성공에는 이유가 있다. 뿌린 대로 거둔다. 뿌린 대로 거두는 것을 씨 뿌림의 법칙, 원인과 결과의 법칙, 줄여서 인과의 법칙이라고 한다. 씨 뿌림의 법칙은 우주의 제1법칙이다. 우주의 제1법칙이기 때문에 성공의 제1법칙이다.
- 김용욱 몰입실천경영연구소 소장

성공하는 사람들이 사용하는 공식은 아주 간단하다. 에너지를 쓸데없이 빼앗아가는 일을 줄이고 반대로 에너지를 충전해 주는 일에 집중함으로써 자신이 발휘할 수 있는 힘을 키우는 것이다. 간단하다고 했지만 사실 그 과정이 말처럼 쉬운 것은 아니다. 또 돈이든 사람이든 기회든 기업이든 삶에서 추구하는 것을 얻을 수 있는 방법은 딱 두 가지다. 하나는 목표를 세워놓고 그것을 향해 달려가는 것이고, 다른 하나는 목표가 자연스럽게 당신을 찾아오게 하는 것이다.
- 탤렌 마이테너 《꿈꾸는 스무 살을 위한 101가지 작은 습관》에서

탤렌 마이테너가 성공하는 방법 중의 하나가 목표가 자연스럽게 당신을 찾아오게 하는 것이라 했는데 중국에 바보 같은 사람이 있었다. 韓非子에 나오는 '守株待兎' 이야기이다.

송나라에 농부가 있었다. 밭 가운데 나무 그루터기가 있었는데, 토끼가 달려오더니 나무 그루터기에 부딪혀 죽었다. 농부는 쟁기를 풀어놓고 나무 그루터기를 지키며 토끼를 다시 얻기를 기대했지만, 토끼는 얻지 못하고 자

신은 송나라 사람들의 웃음거리가 되었다.

　나는 꿈을 실현하는 비결을 알고 있는 사람이 달성할 수 없는 목표는 없다고 생각한다. 그 비결은 호기심, 자신감, 용기, 일관성이며 그 가운데 가장 중요한 것은 자신감이다.

- 월트 디즈니

　인내의 기술을 배워라. 목표를 달성할 수 있을지 마음이 불안해질 때 단련한 대로 마음을 다스려라. 인내하지 못하면 긴장감과 두려움이 생기고 낙담해 실패한다. 인내할 줄 알아야 자신감, 결단력, 합리적 시각이 생겨서 끝내 성공할 수 있다.

- 브라이언 아담스

모든 선배님들의 말씀인즉, 결국 꿈을 이루는 방법은 꿈과 목표가 있어야 하고, 자신감 있는 실천을 강조했다. 그럼 오늘은 푹 주무시길 바란다. 꿈을 먼저 만들어야 하니까.

言行이 일치되어야

　회사 내 익명게시판에 간부직원 험담이 많이 올라온다. 물론 잘못된 행동을 하는 간부들이 있으니 하는 이야기지만 전체 간부가 그렇지는 않을 것이다. 승진할수록 고민의 폭과 깊이가 늘어나는 것은 맞다. 책상에만 앉아있다고 '간부는 일하지 않고 월급만 축낸다.'는 시각은 "체력이 떨어지는 중견직원 이상은 생산성이 떨어지니 퇴직해야 한다."는 말과 같이 近視眼적이고 短見에 지나지 않는다.

　IMF 사태직후 울진원자력 전기팀장 시절 구조조정 대상자 명단을 통보받고 한동안 잠 못 이룬 적이 있었다. 갓 입사해 피어나지도 못한 동생보다 어린 신입직원들을 구조조정 할 용기가 없어 사표를 던지고 싶었다. 1980년대 초 언론통폐합 및 언론인 구조조정 시 나하고 같은 상황에서 잠을 이루지 못하시던 아버님께 상의하고픈 생각이 굴뚝같았다. 직원들에 대한 인위적 구조조정 없이 사태를 넘긴 다음에야 그런 사실이 있었다는 것을 당사자들도 어렴풋이 알게 되었고 요즘은 막걸리 한잔하면 농담 삼아 이야기한다. "김 과장, 똑바로 안 할래? 그때 잘랐어야 얼굴도 안 보고 좋았을 텐데."

간부도 고민하며 일하는데 왜 직원들은 간부들의 무능과 나태를 꼬집을까. 어쩌면 '언행불일치'를 꼬집는 것일지 모른다. 어미 게가 새끼 게에게 똑바로 걷지 않고 옆걸음 걷는다고 야단치면서 정작 본인은 옆으로 게걸음을 걷는 격이 되면 어떻게 될까.

≪논어≫에 언행일치하고 정도를 걷는 '君子'라는 인물이 자주 등장하는데 말만 앞서고 행동이 뒤따르지 않으면 '군자' 아닌 '소인'이라 표현한다. 군에서도 장교가 "나를 따르라." 했는데도 휘하 장병들이 따르지 않는다면 장교는 평소에 말만 앞섰거나 바람직하지 않은 행동을 했기 때문이다. 언행이 일치했거나 義와 德이 겸비되어 장병들과 信義관계가 돈독했다면 장병들은 총알이 빗발치는 위험한 상황임에도 장교 뒤를 따르거나 앞장서게 된다.

모든 직장인들은 출근하면 업무를 隨行한다. 지위고하를 막론하고 모두 업무를 수행하는 입장이지만 隨行을 勞動으로 인식하는 직원들과 隨行을 修行으로 여기는 직원들 간의 괴리는 얼마나 클까. 직원들 대부분이 꺼려하는 현장 잡초제거작업도 修行으로 생각하여 허리운동 되니 체력단련 하는 것으로 간주하면 능률이 높아질 것이다. 땀나는 것도 운동하니 당연하다고 생각했고 잡초 뽑을 때도 이놈 이름은 무엇일까, 배우는 것으로 치부하니 전혀 창피하지도 않았고 이상할 것도 없었다.

우리가 꿈꿔왔던 세상은 모든 직원들이 업무를 隨行하는 것이 아닌 修行하는 자세로 근무하는 것이 아닐까 한다. 간부들이 직원들과 어울려 노는 것도 修行이고 카운슬링도 修行이며 현장 잡초제거도 몸과 마음을 가다듬는 修行의 일부라고 생각하여 실천한다면 즐거운 마음으로 상황을 받아들일 수 있을 것이다.

김대중 대통령께서 말씀하셨던 '행동하는 양심', 한 글자 한 글자 뜯어보고 음미해 보면 얼마나 무섭고 의미 있는 이야기인가. 행동하지 않는 양심, 말로만 하는 양심, 생각만 하는 양심은 아무 필요 없는 것이다. 이는 ≪논어≫에서 이야기하는 '군자'와 맥을 같이 한다. 길 가다 다툼이 벌어졌는데 약자를 돕지 않는다거나, 쓰레기를 줍지 않고 오히려 쓰레기를 남몰래 버리는 행동은 스스로 義를 버리고 道를 내팽개친 것이니 군자의 도리가 아니다.

지위고하를 막론하고 업무는 대충대충 하고, 손해 보는 상황에서는 언성을 높이고 본인이 이익을 보는 상황에서는 언급을 회피하는 것은 행동하는 양심이 아닌 '행동하는 몰염치'에 가깝다고 할 수 있다. 이런 상황에서 리더십이나 존경심을 기대하는 것 자체가 무모한 일이다. ≪논어≫에서도 강조한 것이 '군자의 삶'이었고 이를 유추해 보면 행동하는 양심이다. 서양철학도 생각만이 아닌 행동을 중시했다. 간부들이 말만 앞서지 않고 솔선수범한다면 직원들이 따라오지 않을 재간이 없다. 리더십은 입에서 나오는 것이 아니라 손과 발에서 나온다. '행동하는 리더십'이 진정한 리더십이다.

인천으로 온 이후 몇몇 후배들이 근처 출장길에 시간 내어 찾아와 막걸리 한잔씩 하곤 한다.

"요즈음 비비고 기댈 언덕이 없어 고민됩니다. 상무님 계실 때는 방향과 기준도 잡아주시고 하셨는데 요즈음 모호한 것이 많습니다."

"이 사람들이, 이제는 당신들이 언덕인데 누구한테 기대려고? 나는 이제 반 년 있으면 보직을 놓을 사람이니, 당신들이 후배들 기댈 언덕이다. 걱정하지 마라. 지금 내가 보니 든든하다. 주관을 갖고 똑바로 행동하면 아무 문제 없다."

언행일치되는 사람에게 호감이 가고 말만 앞서는 사람은 싫어하며, 경험이 없어 서툴고 어설퍼도 열정 있는 사람을 좋아한다. 직원들이 욕하는 일부 부류는 최선을 다하지 않았거나 言行一致가 되지 않는 경우일 것이다.

生計의 기술, 生存의 기술

어른들께서 "공부는 끝이 없다." 하셨는데 어른 말씀은 진리다. 10년 전 서울대에서 1년 동안 경영자과정 교육을 받으면서 남는 시간에 '이렇게 사는 것이 올바른 삶일까. 올바르지 않다면 남은 인생을 어떻게 살아가야 할 것인가.' 하고 심각하게 고민했었다.

공학을 전공한 머리로는 도저히 답을 구할 수 없어 인문학을 본격적으로 공부하기로 하고 손에 잡히는 대로 책을 읽었다. 공부 성과가 나오지 않아 고민 끝에 '공부법'도 공부했지만 유일하게 터득한 이치는 '공부에는 왕도가 없다.'는 것이다. 이것도 소득이라면 커다란 소득이다. 공부에 지름길과 왕도가 있었다면 약삭빠르게 그쪽을 기웃거렸을 것이다. 10년 공부를 하면 어느 정도 세상의 이치가 보일 것이라는 믿음을 가졌지만 공부를 하면 할수록 목표는 멀어지고 있다. 만으로 10년 공부하고 남은 것이라곤 읽은 책을 서머리한 종이 몇 장과 조금 향상된 썰[說]뿐이라 다시 10년을 진행하고 있다.

GT정비기술센터 식구들을 대상으로 사업장의 경영현황과 인문학을 접목한 이야기를 이어나가고 있다. 대부분의 식구는 나와 같이 공학을 전공했고 비슷한 일을 하고 있기에 내 말이 어눌하고 논리가 빈약해도 현실 친화적인 면이 있어 이해한다. 물론 전문 강사보다 강의를 잘한다는 것은 아니고 같이 근무하는 식구들이니 실사례를 들어가며 강의하므로 현실감이 있다는 이야기다. 공기업에 근무하고 있지만 급변하는 상황으로 젊은 식구들은 불안해하는데, 부임하자마자 구조조정을 단행했기에 모든 식구의 불안감은 증폭되었다. 불안해하는 식구들을 대상으로 앞으로 어떻게 살아가야 하고, 어떻게 살아남아야 할까 이야기하고 있다.

세상을 사는 데 필요한 두 가지 기술이 있다.

첫 번째는 퇴직할 때까지 필요로 하는 生計의 기술이다. 대부분 기술직이니 전기, 기계 관련 자격증을 보유하고 있으며 기술도 갖고 있다. 기술발전으로 낙후된 기술 또는 자격증으로는 생계의 질을 높이기 어려울 수 있으니 자기계발을 통해 기술을 업그레이드하는 노력도 하고 있다. 나는 입사하면 공부를 하지 않아도 되는 줄 알았으나 회사는 나에게 공부를 엄청나게 시켰다. 전기공학을 전공했으나 입사 후 기계, 계측, 비파괴, 품질, 교육, 기획, 경영, 안전 등 다양한 분야를 공부했다. 이것은 주어진 보직을 충실히 수행하기 위한 생계의 기술을 습득하고자 함이었다. 동·식물이 살아남기 위해 진화하듯 인간도 굶지 않으려면 생계의 기술을 진화 발전시켜야 한다.

잘사는 나라 미국에도 홈리스가 많다. 기후 좋은 엘에이보다 우리나라와 비슷한 기후인 뉴욕에 홈리스들이 많다. 이유는 추운 날씨에 지하철 환기구 앞에 박스를 깔고 부들부들 떨면서 불쌍해 보여야 많은 동냥을 받기 때문인데, 이것도 홈리스들의 생계를 위한 기술이며 노하우이다.

우리같이 공학을 전공한 이과출신만 그런 것이 아니라 문과도 마찬가지다. 졸업 후 취업 잘되는 학과를 선호하다 보니 경영, 행정학과는 수능성적이 좋은 학생들이 몰리고, 사학과, 국문과는 경쟁률이 낮다. '인구론(인문계 졸업생 9할은 논다.)' '문송합니다(문과를 졸업해서 죄송합니다.)'라는 신조어가 만들어질 정도니 적성보다 생계를 위해 전공을 선택할 수밖에 없는 현실이다.

두 번째는 죽을 때까지 필요로 하는 生存의 기술이다. 사회적 동물인 인간은 직, 간접적 관계 속에서 살아가며 누구나 행복하기를 희망하는데, 인간관계가 좋은 사람이 권력과 재물이 많은 사람보다 행복하다는 설명과 연구결과는 지난번에 말한 바와 같다. 사람의 욕심은 끝이 없어 권력과 돈맛을 알게 되면 더 높고 더 많은 것을 갖고 싶어 한다. 탐욕으로 가득차면 시야가 좁아지고 멀리 보기보다는 눈앞의 이익을 취하기 위해 몰두한다. 이로 인해 주위 사람들에게 피해를 주고 인간관계는 허물어지고 거래의 관계만 남게 된다. 정승집 개가 죽으면 문전성시를 이뤄도 정작 정승이 죽으면 빈소가 썰렁하다고 하듯 예전부터 그래왔다.

좋은 인간관계는 어떻게 만들어지는가. 배려, 양보, 역지사지에서 비롯된다. 내가 먼저 손을 내미는 양보와 배려가 좋은 인간관계를 만들고 결과적으로 나를 행복하게 한다. 생계를 위한 기술이 뛰어난 사람도 생존의 기술이 부족하다면 조직 내에서 살아남을 수 없다. 그러므로 불행하게 생계를 이어가는 것이 바람직한가, 아니면 조금 부족해도 행복하게 생계를 이어가는 것이 바람직한가는 물어볼 필요도 없는 것이다.

60세 정년퇴직 후 우수기술자들은 계약직으로 회사에 다닐 수 있는 제도가 만들어져 본인이 원한다면 계속 회사 마크를 가슴에 달 수 있다. 60세가 넘어 회사 마크를 가슴에 달 수 있다는 것은 영광스러운 일이고 훌륭한 생계의 기술을 보유하고 있다는 반증이다. 하지만 생계의 기술이 뛰어나도 생존의 기술이 부족한 사람은 탈락할 수밖에 없다. 후배들이 같이 일하는 것을 원치 않는다면 갈 곳이 없기 때문이다. 우리는 그런 사례를 많이 보고 있다. 군림하던 조합 위원장도 거부당했고 일부 간부들도 직원들이 같이 근무하기를 거부했다. 그들의 생계 기술은 훌륭했을지 몰라도 생존 기술은 빵점이었다. 하지만 나는 그렇지 않겠지 하는 생각은 자만이다. 후배들이 이야기를 하고 있지 않을 뿐이지 퇴직 후 신분이 달라지면 대우도 달라진다. 생존의 기술이 생계의 기술보다 중요하다는 것을 보여준다.

직원시절 같이 근무했던 J는 업무실력이 형편없었다. 저렇게 해서 조직에 붙어있을 수 있을까 할 정도였으나 생존의 기술이 뛰어났다. 업무는 내가 전담하다시피 하고 업무 외의 일은 J가 하는 것으로 했다. "J야, 업무는 내가 할 테니까 시들어가는 화분을 네가 어떻게 해봐라." 다음 날 새 화분으로 교체되었는데 어떻게 했는지 모르지만 내가 못하는 일을 했으니 J가 위대해 보이기까지 했다. 그는 술 한 잔 못해도 부서회식에 불참한 적이 없었고, 술 취한 동료들을 일일이 택시를 태워 보내고 나서야 집에 들어갔다. 다른 사람들이 힘들어할 때 힘을 보탰고, 동료들이 귀찮아하는 일을 도맡아 했다. 정년퇴직 후에도 후배들이 대고객 업무의 필요성을 인정해서 아직까지 근무하고 있다. 뛰어난 생존기술을 갖고 있는 인물이다.

여러분들은 공기업에 입사하여 근무하고 있으니 생계의 기술을 보유하고 있다고 이미 검증된 사람들이다. 다른 회사로 전직해도 굶어죽지 않을 기술을 갖고 있는 사람들이다. 하지만 여러분들이 생존의 기술을 보유하고 있는지는 확실치 않다. 퇴직해서도 좋은 일이나 궂은일이라도 불러주고 찾아갈 친구가 있다면 그나마 생존의 기술을 갖고 있는 것이다. 생계의 기술 못지않게 꾸준히 노력해야 발전하는 기술이다. 재차 강조하지만 생존의 기술을 발전시키는 밑바탕은 배려, 양보, 역지사지이다.

내려놓기

영화 ≪내부자들≫을 보셨는지 몰라도 픽션이다. 대통령 후보인 국회의원 이경영, 언론을 좌지우지하는 언론인 백운식, 자동차 재벌 김홍파와 정치깡패 이병헌, 줄 없는 경찰출신 검사 조승우가 본인들의 욕망을 이루기 위해 유착과 결탁을 통해 사회를 지배하는 모습을 그렸다. 픽션이지만 줄거리 중간 중간 등장하는 단편적 내용은 우리가 신문지상에서 많이 접해 봤던 논픽션에 가까운 이야기다. 표면상 정의를 내세우지만 각자가 꿈꾸는 것을 얻으려는 인간의 탐욕스러운 모습을 그리고 있고 종국에는 정의가 승리한다는 뻔한 결말이다. 영화에서 각자가 얻고자 했던 권력·금전·명예 등을 내려놓지 못하니 욕심이 과했던 사람들은 정의의 심판을 받았고, 이병헌과 조승우는 "모히또 가서 몰디브 한 잔" 하자는 농담으로 끝을 맺는다.

회사 내 보직 중 중요치 않은 것은 없다. 처장이나 팀장 자리도 보임된 사람이 어떠한 철학을 갖고 조직을 이끌어 가느냐에 따라 성과의 모습이 다르고 중요도도 차이가 있을지는 몰라도 모두 소중한 보직이다. 간혹 좋은 보직을 받기 위해 애를 쓰는 사람도 있지만 내 기준으로 보면 좋은 보직, 나쁜 보직의 차이는 없다. 명령권자가 적재적소에 배치했는지 몰라도 인사발령 상 보직이 적재적소를 고려한 좋은 보직이겠거니 생각하면 정신건강에 좋다.

보임이 되면 칠푼이, 팔푼이가 아닌 이상 누구나 조직의 목표를 향해 뛰어가는데 보임 받은 간부들은 왜 뛰어갈까. 승진욕과 성취욕 때문은 아닐까. 전문직 업무를 관장할 때 일반직보다 빨리 승격 하지만 너무 빨리 승격하는 것은 반대했다. 우리 회사는 처장이 마지막인데 너무 빨리 처장 급이 되면 성취욕이 떨어지기에 적정한 템포로 승진해야 한다는 것이 내 지론이었다.

매슬로우의 인간욕구 5단계는, 1단계 생리적 욕구, 2단계 안전 욕구, 3단계 소속에 대한 욕구, 4단계 존경의 욕구, 5단계 자아실현의 욕구이다. 5단계에 오른 사람은 스스로 만족을 하고 4단계에 오른 사람은 남들로부터 인정받고 싶어 한다. 사실 존경이란 것은 남이 인정해 줄 때 자연스레 생기는 것인데 승진되어 지위가 높아지면 존경해 주겠지 하는 잘못된 생각이 승진욕으로 표출되는 것이다. 존경받지 못하는 대통령도 있는데 말이다.

우리 회사 전무, 감사, 사장의 직위는 정부의 승인 임명사항이므로 최종 종착지를 처장에 맞춰 승격관리를 해야 한다. 담당직위에서 전력을 다해 뛰다가 지루하거나 의욕이 떨어질 정도가 되면 승격시켜 다시 파이팅하는 모습을 지켜봐야 하는 것이 매슬로우의 인간욕구 5단계와도 맞아 떨어진다.

얼마 전 정신적으로나마 잠시 보직을 내려놓고 일해 봤다. 신기하게도 중압감이 없어지고 마음이 그렇게 편할 수 없었다. 매일 매일 아옹다옹하며 하나를 더 얻어내려고 싸웠는데 내려놓으니까 더욱 많은 것이 보이기 시작했다.

'내려놓기'라는 것은 다르게 표현하면 '마음 비우기'와 같을 것이다. 그동안 업무욕심이 과해 마음을 비우지 못했고, 또한 한 가지 업무에 몰입하는 성격이라 내려놓지 못한 것이 많았다.

사실 업무적으로 욕심이 많으나 물욕 면에서는 커다란 욕심이 없으며 또한 이미 많은 것을 갖고 있다고 생각했다. 하지만 이번 기회에 다시 한 번 뒤돌아봐야 할 것 같다. 집사람 명의지만 37평 아파트에 살고 있는데 더 화려하고 넓은 집에 살기 위해, 낡은 3,500cc 차를 타고 다니지만 더 커다란 차를 타기 위해 아등바등 대며 살고 있었는지 모른다.

적어도 추하지는 않게

古典에서 주문하는 사항들은 그리 무겁지 않으나 실천하려면 쉽지 않고 體化하는 것은 더욱 어렵다. 타인을 바라볼 때 조금만 양보하면 되는데, 또는 욕심을 부리지 않았으면 하면서도 정작 본인이 동일한 상황에 부딪치면 양보하거나 욕심 버리는 것이 쉽지 않음을 알 수 있다. 아마도 인간은 본인에게는 관대하고 타인에게는 엄격한 잣대를 들이대는 이중적 잣대를 보유하고 있는지 모른다. 이중적 잣대가 균형을 이루면 좋으련만 욕심이 크면 클수록 한쪽으로 심히 기울게 된다.

어른들께서 말씀하신 대로만 살아도 추해지지는 않을 듯하다. 고전으로부터 깨우침이 있었는지는 확실치 않으나 오랜 삶 속에서 얻은 깨달음 내지 삶의 철학과 경험에서 말씀하시는 것이니 어른 말씀은 고전과 다를 바 없다. 또한 고전이 아니더라도 오랜 세월 이어져 내려오는 속담과 격언들이 후대까지 전파된다는 것은 나름의 생명력을 갖고 있기에 가능한 일이다.

고귀하고 군자처럼 사는 것이 쉽지 않다면 적어도 추하지 않게 살려고 노력해야 한다. 스스로 삶의 기준을 정하고 행동하지만 평가는 타인이 하기에 추하지 않은 삶을 사는 것도 쉬운 것은 아니다. 素書에 "욕심을 버리면 근심이 없어지며, 악행을 하지 않으면 허물도 없다. 작은 것을 탐하면 큰 것을 잃는다." 했다. 매우 간단한 가르침이며 쉽게 다가온다.

 2001년, 한전KPS인상 수상 후, 다른 상에 대한 욕심을 버렸다. 한전KPS인상을 받으려면 업무성과는 기본이고 품행방정하고 남의 모범이란 전제가 있었기에 수상 후 언행을 더욱 조심하게 되는 무거운 짐을 지게 되었다. 욕심을 버렸는데도 근심거리처럼 되었고 조그만 실수도 허물이 될 듯했기에 삶의 스트레스였다. 돌이켜 생각해 보면 회사 최고의 상을 탔기에 욕심을 버린 것이 아니라 다른 상이 눈에 차지 않는 더욱 커다란 욕심이 마음속 한가운데 자리 잡고 있었는지 모른다.

 철학을 노래하는 소리꾼 장사익 씨의 〈하늘 가는 길〉은 장송곡이다.

> 간다 간다 내가 돌아간다/ 왔던 길 내가 다시 돌아를 간다
> 명사십리 해당화야 꽃잎 진다 설워 마라
> 명년 봄이 돌아오면 너는 다시 피련마는
> 한 번 간 우리 인생 낙엽처럼 가이없네
> 하늘이 어드메뇨 문을 여니 거기가 하늘이라
> 문을 여니 거기가 하늘이로구나
> 하늘로 간다네 하늘로 간다네/ 버스 타고 갈까 바람 타고 갈까
> 구름 타고 갈까 하늘로 간다네/ 하늘로 가는 길 정말 신나네요
> (후렴 생략함)

나이 들수록 많은 것을 내려놓아야 한다. 문을 열면 거기가 하늘인데 오늘 당장 하늘로 올라가는 것처럼 몸도 마음도 가볍게 해야 한다. 하지만 老慾이 老醜를 만든다. 젊은 친구들의 욕심은 생각이 짧은 탓으로 돌릴 수 있지만, 나이들어 욕심 부리면 '익스큐즈 미'가 없고 사람을 추하게 만든다. 노욕을 내려놓으라는 지적에 변명하게 되면 변명은 진화되어 거짓말로 바뀌고 결국에는 사람을 망가트려 노추가 된다. 나이들었어도 쿨하게 잘못을 인정하면 끝나는 사안을 알량한 욕심과 자존심으로 인해 인정하지 못하니 事端이 벌어진다. 나이든 어른이나 정치인들의 몰락은 노욕으로 시작해 노추로 끝나는 경우가 많다. 문 열면 하늘인데 10억의 재산가나 100억의 재산가나 똑같은 부자임에 다름없고, 9선 국회의원이면 어떻고 10선 국회의원이면 달라지는 것이 무엇일까. 하늘 문에 들어선 후에는 고작 墓碑銘만 달라질 뿐이며 현생의 행복과는 전혀 상관없는 타이틀이다.

　　욕심을 버리면 근심이 없어지며, 악행을 하지 않으면 허물도 없다. 작은 것을 탐하면 큰 것을 잃는다.

이 가르침은 素書의 〈求人之本(사람의 근본)〉에 나오는 구절로 의역한다면 "인간의 욕심은 끝이 없어 잘못을 저지르기 쉬우니 小貪大失 하지 않는 것이 사람의 기본이다."이다.

요즈음 집사람이 나이 들면 추해 보이지 않게 좋은 옷, 깔끔한 옷을 입고 다니라 한다. 다림질이 필요 없는 청바지, 정전기 발생이 없는면 셔츠, 10년 된 듯 구깃구깃한 검은색 트렌치코트가 가격이 비쌀지 몰라도 깔끔해 보이지 않는다는 이야기다. 집사람과 아이들이 사온 비싸고 상어 껍질처럼 매끄럽게 빠진 좋은 브랜드의 옷에 눈길이 가는 것을 보면 옷에 대한 욕심이 생기는가 보다. 老慾이 老醜를 만든다고 하는데 옷에 대한 과도한 욕심을 경계해야 한다.

三人行必有我師

장자, 노자, 공자는 비유의 대가였다. ≪장자≫에는 수천 리 크기의 '곤'이란 물고기가 '붕'이라는 새로 변해 9만 리를 날아올라 6개월간 내려오지 않았다는 허구적 이야기가 등장하고, 거대한 상수리 고목이 등장해 의인화되어 사람을 꾸짖는다. 노자는 물처럼 살아야 한다며 上善若水를 이야기했다.

가장 좋은 것은 물과 같다. 온갖 것을 이롭게 하고 모든 사람이 싫어하는 낮은 곳에 머문다. 그러므로 도에 가깝다. 살 때는 물처럼 땅에 좋게 하고 마음 쓸 때는 물처럼 그윽하게. 사람을 사귈 때는 물처럼 어질게, 말할 때는 물처럼 믿음을 좋게. 다스릴 때는 물처럼 바르게, 일할 때는 물처럼 능하게, 움직일 때는 물처럼 때를 좋게 하라. 그저 오로지 다투지 아니하니 허물이 없다.

공자가 말씀하신 三人行必有我師(세 사람이 길을 가다 보면 반드시 나의 스승이 있다.)의 본뜻은 선한 사람을 가려 그를 따르고 선하지 못한 자를 가려서 자신 속의 잘못을 고쳐야 한다. 즉 他山之石과 反面敎師 삼아 배우고 고쳐 자신을 다듬으라는 말씀이다. 비유의 대가라는 맥락에서 해석한다면 三人行必有我師의 三人이란 二人 혹은 多數일 수 있으며 심지어는 동물, 나무, 바위, 회사업무, 지나간 세월일 수도 있다.

사람이 만물의 영장이기는 하나 동물 중에서 가장 불완전하게 태어났을 뿐 아니라 신체적, 정신적 성장도 더디다. 또한 남의 단점을 능하게 찾아내면서도 장점을 찾는 데 인색하나 자신에게는 너무나 관대하고 근시안적이라 한치 앞 코에 있는 점도 보지 못할 뿐 아니라 내면의 자기 허물도 보지 못한다.

정신적 성장을 빠르게 하는 유일한 방법은 공부밖에 없다. 세상의 모든 것을 체득할 수 있다면 더할 나위 없겠지만 時空의 제약으로 불가능한 일이다. 세상의 모든 사물과 현상에서 받아들여야 할 것은 他山之石으로 삼고, 받아들이지 말아야 할 것은 反面敎師 삼아 세상 보는 시야를 넓혀야 한다. ≪장자≫ 외편 〈추수〉에 세계관과 사고의 폭을 넓히라는 이야기가 나온다.

> 우물 안 개구리가 바다를 이야기할 수 없다. 한 곳에 매어 살기 때문이다.
> 메뚜기에게는 얼음을 이야기할 수 없다. 한 철에 매어 살기 때문이다.

우물 안 개구리와 메뚜기를 비유하며 이야기했지만 백가쟁명의 시대 재야고수였던 장자의 눈에는 이름만 거창할 뿐 하나만 알고 전체를 모르는 유가, 묵가, 법가에 속한 이들이 개구리와 메뚜기처럼 보였다. 직원들을 대상으로 시행하는 Talk Concert의 2017년 마지막 주제가 '三人行必有我師'였다. 악화된 경영상황을 반전시키기 위해 힘들게 걸어왔던 한 해 동안 우리는 무엇을 배웠는가.

지난 한 해 Good News는 부임하자마자 힘든 한 해가 될 것이라는 예측이 정확하게 들어맞은 것이다. Bad News였지만 힘들다고 예측했기에 시장다변화, 사업다각화의 노력을 했으며 전 직원이 긴장하며 수주와 매출에 힘쓴 것이 Good News였다. 매출목표를 달성하지 못했지만 '하면 된다.'는 긍정 마인드가 확산되었고, 新樹種 사업이 성공적으로 시장에 런칭되었다. 미래를 위해 향후 5년간 매출을 낼 수 있는 사업도 생겼고, GT센터가 원자력시장에 진입하는 기틀도 만들었다. 해외시장도 넓히고 해외매출도 증가했으며 해외 제작사와 협업기반을 만들었을 뿐 아니라 기술을 Upgrade 할 수 있는 연구과제도 착수했다. 사람은 태생적으로 변화를 싫어하는 동물이지만 여러분은 경영환경 변화에 적응하려 노력했고 살아남았다. Bad News를 Good News로 변화시킨 여러분들과 1년 동안 같이하게 된 것이 자랑스럽다.

Bad News로는 정기 인사이동이 연기되어 내가 당분간 여기에 남아 여러분과 마주 보고 있는 것이 가장 커다란 Bad News다. 지옥같이 느껴져도 1년을 버텼으니 참고 견딜 수 있다. 자잘한 Bad News도 있다. 내년도 시장전망도 밝지는 않다. 하반기부터 조금씩 좋아질 것이다. 해외 제작사와 협력은 시작에 불과하고 해외시장도 가격경쟁력이 관건이다. 국내 대기업이 우리 센터와 같은 기능의 공장을 설립, 운영하는 것은 4~5년 후로 보고 있는데 가장 커다란 위협이 될 것이다.

작년 부임 첫날 경영환경이 어렵다고 하니 귀담아듣지 않는 사람도 있었다. 불행하게도 지금 이야기한 Bad News는 시간오차가 있을지 언정 짧지 않은 미래에 실현될 것이다. 온통 Bad News 같지만 대응계획을 만들어 준비하고 모든 직원들이 한 곳을 바라보게 된다면 Good News가 될 것이다.

  2017년을 슬기롭게 대처하면서 얻은 경험도 三人行必有我師이다. 살아남기 위한 노력과 희생이 필요하며 '신이 손을 내밀 때까지' 열정을 갖고 대처하면 된다. 오늘부터 말이 아닌 행동으로 보여주면 된다. 특히 간부, 주임, 선배의 리더십은 결코 입에서 나오지 않고 손과 발에서 나온다는 것을 지난 세월에서 배웠음을 잊지 않아야 한다.

Dr. Maslow에게 보내는 편지

당신이 주장한 인간욕구 단계설에 대한 수정을 요구합니다.

오랜 기간 사용되어 온 당신의 이론을 교육받은 나는 당신 이론을 바이블로 여겼습니다. 동물적 본능단계에서 이성적 인간완전체로 성장한다는 인간욕구 5단계 이론은 완벽했고 많은 사람들이 자아실현을 위해 노력했습니다.

1단계 생리적 욕구는 식욕, 성욕, 배설욕이 해당됩니다.

2단계 안전욕구는 정신적 안전, 신체적 안전이 해당되며, 2단계까지는 동물적 욕구에 가깝습니다.

3단계는 소속과 애정에 대한 욕구로 타인과 만족스러운 관계를 원하는데 집단생활을 하는 동물도 있으니 어쩌면 반인반수의 욕구에 해당한다고 보입니다.

4단계 존경의 욕구는 집단구성원으로부터 인정받으려는 욕구이며 가치 있는 대우를 추구합니다. 4단계부터는 인간본연의 욕구에 해당된다 하겠습니다.

5단계 자아실현의 욕구는 의미 있는 삶을 살기 원하며 깬 사람, 난

사람, 연륜 있는 사람에 해당되는 욕구이니 완전체적 인간에 가깝고 많은 사람들이 자아실현을 위해 고민합니다.

1, 2단계는 동물적 욕구이므로 사람이 식물화되기 전에는 완벽하게 들어맞는 이론이라는 데 이견이 없습니다. 3단계는 인간의 사회성을 이야기한 것이지만 '은둔형 외톨이' '외로운 늑대'의 출현 등 인간의 사회성은 갈수록 떨어지나 사자, 물개, 개미같이 집단생활 하는 동물들은 예나 지금이나 변함없습니다. 당신의 이론에 동의하지 않는 것은 아니나 인간에게만 적용되는 이론일까 고개가 갸우뚱해짐은 어쩔 수 없습니다.

아마도 4, 5단계는 인간에게만 있는 속성이기에 이론이 맞는다고 우기실지 모르겠습니다. 하지만 최근 당신 이론에 반하는 현상들과 당면했기에 곤혹스러운 점이 있습니다.

아들러의 이론을 해석한 ≪미움 받을 용기≫에서는 당신의 4단계 이론을 이렇게 반박하고 있습니다. 물론 전면적인 부정은 아니나 읽어 보시면 당신의 이론이 100프로 맞는다고 볼 수 없습니다.

아들러는 '지금, 여기'를 살아야 한다고 주장합니다. 우리는 꿈과 목적을 위해 현재를 살아가는 것이 아니라는 이야기입니다. 또한 '타인의 인정'을 얻기 위한 인정욕구를 과감히 포기해야 합니다. 남의 이목에 신경 쓰느라 현재 자신의 행복을 놓치는 실수를 범해서는 안 됩니다. 내가 아무리 잘 보이려고 애써도 나를 미워하고 싫어하는 사람은 반드시 있게 마련이니 미움 받을 것을 두려워해서는 안 됩니다. 그 누구도 거울 속의 내 얼굴을 나만큼 오래 들여다보지 않기 때문입니다. 남의 이목 때문에 내 삶을 희생하는 바보 같은 것이 있겠습니까.

≪미움 받을 용기≫(가시미 이치로, 고가 후미타케 著 인플루엔셜 刊)에서 아들러는 인정욕구 자체를 부정한 것이 아니라 남의 눈치를 보면서까지 자신의 행복을 포기하지 말라는 이야기입니다만, 요즈음 젊은이들은 당신의 4단계 이론을 거부하고 있으며 아들러의 이론에 가깝게 생활하고 있기에 더욱 혼돈스럽습니다.

많은 회사에서 직원이 초급간부가 되려면 시험을 보거나 심사를 거쳐야 합니다. 초급간부고시, 물론 행정고시나 사법고시와는 비교할 수 없지만 높은 경쟁률로 인해 '고시'라는 명칭이 부여되었는데 경쟁률은 갈수록 하락하고 있으며 심지어 승진 거부권을 노사협의안에 넣는 회사까지 등장했습니다. 고시 철이 되면 아내들이 남편 건강 챙기느라 시장의 닭이 모자랄 정도였지만 최근 들어 승격에 대한 생각이 바뀌었습니다. 젊은이들의 정서가 타인의 인정을 받기보다는 자신의 행복을 추구하는 경향이 강해졌다고나 할까요.

이러한 현상은 우리나라에만 있는 것은 아닙니다. 세계적 기업인 페덱스(FedEx)는 중간관리자의 부담이 큰 기업으로 매년 한 차례 전 직원이 임원, 간부를 평가하여 2년 연속 기준점수 이하의 중간관리자가 짐을 싸야 합니다. 이로 인해 자신감 없는 구성원들은 중간관리자로 승진을 거부하기도 합니다.

최근 한 주요언론에서 현재 20대들은 '달관의 세대'라는 용어를 만들어냈다고 했습니다. 현재의 행복을 위해 정규직에 대한 미련도 버리고 승진보다는 일이 적은 부서로 가고 싶어 하는, 돈은 적게 벌어도 적게 쓰고 잘 놀려 하는 세대를 지칭하는데 새로운 용어는 아닙니다. 일본에서는 1980년대 후반부터 1990년대 초반에 태어난 세대가 자동차, 사치품, 해외여행에 관심 없고 돈과 출세에도 욕심 없는 세대를 '사토리세대'(달관의 세대)로 불립니다. 좋게 해석하면 당신의 4단계 이론을 건너뛰어 의미 있는 노동을 자율적으로 하고 싶은 욕구, 즉 자아실현의 욕구가 강하다는 이야기입니다.

당신이 주장했던 욕구이론을 만고불변의 진리로 알고 있던 사람들은 혼란스럽고, 나라에 회사에 망조가 들었다고 이야기하는데 당신의 생각은 어떠신지요?

이의가 없으시다면 제가 요구하는 욕구이론에 대한 수정과 작금의 현상을 반영한 새로운 이론으로 재정립해 주시길 부탁드립니다.

어떻게 살아갈 것인가, 내 자신의 주인은 누구인가, 내 삶을 살아가고 있나

제목이 조금 긴데 아마도 GT정비기술센터에서의 마지막 Talk Concert라 할 말이 많은가 보다. '어떻게 살아갈 것인가, 내 자신의 주인은 누구인가, 내 삶을 살아가고 있나.' 3개의 물음이지만 같은 주제가 될 수도 있고 각개 물음이 독립성을 갖고 있기도 하다.

사람은 태어나 본인의 삶을 살다 간다. 미성년 시기에는 부모님과 선생님이 과정에 개입하는 경우도 있으나 성인이 되면 독립적 개체로서 주관적인 삶을 살게 된다. 人文, 사람 人, 무늬 文, 문자 그대로 각자가 본인의 그림을 그리며 살다 죽는 것이기에 아무리 친한 직장동료나 가까운 친인척도 내 삶을 대신해 주지는 않는다. "무소의 뿔처럼 혼자 가"는 것이다. 사회생활을 하니 객관적 보편성을 중시하고 공통적 가치도 존중하지만, 결국 사람이란 주관이 객관을 뛰어넘게 된다. 사람은 사회적 규범이나 가치 등 객관적 순리를 따라가려 노력하지만 결국 자신의 주관적 잣대로 사회적 객관을 재단하여 판단한다. 결국 자기 자신의 주인일 수밖에 없지만 경쟁사회의 서열화, 양극화가 심해지면 심해질수록 권력과 자본에 휘둘리며 소용돌이 속으로 빨려 들어가 이를 잊고 사는 경우가 생긴다. 조직과 사회의 구성원이라는 그럴듯한 수식어가 있지만, 이를 비판적 시각에서 보면 조직의 부품 또는 소모품같이 일을 하게 된다.

찰리 채플린은 자본주의와 산업화시대에서 비롯된 인간성 상실을 풍자하여 한때 공산주의자로 낙인찍히기도 했다. 찰리 채플린 주연 ≪모던 타임스≫를 보면 컨베이어 벨트를 타고 끊임없이 쏟아져 나오는 제품들의 나사를 조이는 노동자는 일을 하고 있는 동안에는 사람이 아니라 기계처럼 일해야 하는 부속이나 마찬가지다. 피곤하고 빈곤한 노동자들이 있는 반면 그들을 착취해 好衣好食하는 자본가들이 있어 향후 몇 십 년 후에 전개될 미래를 내다본 통찰력 있는 배우이자 감독이었다.

가끔씩 업무에서 빠져나와 정신을 차려보면 ≪모던 타임스≫에 등장하는 찰리 채플린과 내 자신의 유사한 모습에 놀라곤 하는데, 그럴 때마다 '내 자신의 주인은 누구인가, 나는 내 삶을 살아가고 있나.' 질문을 던져본다. 내 삶도 크게 다르지 않았으며 내 자신의 욕망도 자제하지 못했다. 기술직 중 최고연봉을 주는 회사에 입사하여 매월 4번이나 주는 현금 맛에 길들여졌고, 승진이라는 멈출 수 없는 열차에 올라탄 내 자신은 내리지 못하고 앞만 보고 달리는 경주마와 비슷한 신세였다. 욕심, 욕망 이런 것들을 내려놓는 방법을 알았더라도 달려야 하는 상황 속에서 생각할 겨를도 없었을 것이다. 욕망, 욕심은 비단 나뿐만 그런 것은 아니다. 2015년 석유재벌 록펠러는 재산이 3,300억 불이었는데 얼마나 더 있어야 충분하겠느냐 물으니 "조금 더."라고 대답했다. 원래 사람의 욕심과 욕망은 한도 끝도 없는 것 같다.

삶에 있어 가족과의 관계도 매우 중요한 사항이다. 유교문화에서 배우고 자랐기에 자식에 대한 무한 사랑이 부모의 도리라고 당연히 생각하지만, 아이들의 삶만 존재하는 것은 아닌지, 가족이라는 공동체 속에 과연 내 자리가 있기나 한 것인지 따져봐야 한다. 부모의 무한 사랑이 한편으로 좋아 보이지만 그런 환경에서 자란 아이들이 결혼 후 아이를 갖게 되면 또다시 본인의 삶을 희생하며 아이들에게 헌신한다. 이런 것을 善循環이라 해야 할지 惡循環이라 해야 할지 모르겠다.

어떤 아버지로 기억되길 원하는가. 어떤 아버지가 될 것인가. 같은 질문 같지만 미묘한 차이가 있다. 前者는 매슬로우的 관점이고 候者는 아들러的 관점으로, 他者에게 어떻게 보여지는 것이 중요한가, 아니면 남들의 따가운 시선이 있을지라도 주관적인 판단 하에 행동할 것인가. 조금 다르다. 여러분은 어떻게 살아갈 것인가. 전자의 삶을 살 것인지 후자의 삶을 살 것인지 판단해야 한다. '부모에게 자식은 전생의 빚쟁이'라는 이야기도 있다. 그래서 평생 빚진 사람처럼 자식 일이라면 눈먼 사람같이 물불 안 가리고 달려드는 게 부모님의 삶이라고 하며 자식들은 받지 못한 빚을 받기 위해 부모님에게 끊임없이 바란다고 한다. 사랑하는 아이들을 헌신적으로 키우는 한편 내 자신의 주인은 누구인가도 따져봐야 한다.

아이들에게 잘하고 동료들과의 관계도 친밀하게 지내면서도 내 삶을 살아가고 있는지 따져봐야 한다. 일본에서 유행한 '황혼이혼'이 우리나라에도 상륙했다. '부부는 前生의 원수'였기에 後生에 만나지 않으려면 서로에게 잘해야 하는데 나보다 배우자를 우선시하다 보니 내 삶이 실종되어 그런 것이 아닐까. 회사에서는 업무 시스템 속의 부속품처럼, 가족 내에서는 돈 벌어 오는 기계, 집사람은 밥하고 청소하는 가정부로서의 삶 속에서 실종된 '나'를 찾아야 하니, 김정운 교수처럼 사표를 던지는 사람이 늘어나고, 아이들을 출가시킨 후 황혼이혼을 강행하는 사람들이 생긴다. 내가 진정으로 좋아하는, 죽기 전에 해보고 싶었던, 보람이 있다고 판단되는 그런 일을 해야 한다. 여러분은 그런 삶을 살아가고 있는가. 역설적으로 그런 삶을 살아야 회사도 보람을 느끼며 다닐 수 있고 황혼이혼도 막을 수 있다. 나이들어 궁상맞게 쪼그려 앉아 양은냄비에 라면 끓여 먹는 모습보다는 전생의 원수와 티격태격, 아웅다웅하며 사는 것이 보기 좋을 듯하다.

돈에 대한 욕심, 자녀들에 대한 헌신, 부부간의 기대, 승진에 대한 욕망, 타인의 시선에 대한 의식 등을 조금 낮추고 내려놓아야 내 삶을 돌아볼 여유가 생긴다는 이야기인데 에둘러 이야기하다 보니 길어졌다.

나가면서

천재성을 타고나지 않은 보통 사람은 골프, 작곡, 소설, 야구…, 하다못해 도둑질까지도 전문가 경지에 오르려면 1만 시간의 투자가 필요하다 하는데, 1만 시간이란 하루 3시간씩 10년간 투자하는 것입니다. 물론 1만 시간을 투자하지 않고 경지에 오르는 사람은 자신이 좋아하는 일을 했을 테고, 반대인 경우는 1만 시간이 부족할 수 있음은 물론이지요. 해당분야에서 성공하고 일가를 이룬 사람에게서 1만 시간의 흔적을 찾을 수 있는데, 축구선수 박지성, 발레리나 강수진의 발은 기형에 가깝고 피겨 퀸 김연아의 종아리 근육은 남자 것을 무색하게 만들 정도인데, 바로 1만 시간의 흔적이겠지요.

체육계뿐 아니라 문단에서도 1만 시간의 흔적은 쉽게 찾을 수 있습니다. 작가 최명희 선생님은 1980년에 시작해 17년 만에 ≪혼불≫을 완성했습니다. 글을 읽기만 해도 등장인물의 표정과 배경이 그려질 정도로 표현력과 묘사력이 뛰어나신 박경리 선생님은 1969년 9월에 집필을 시작하여 1994년 8월, ≪토지≫를 탈고하기까지 25년을 투자하셨습니다. 1만 시간 이상의 노력으로 인해 우리는 감동하고 글귀

하나에 눈물 흘립니다.

　글과 가까운 환경에서 자랐지만 천재성은 없었고 끈질김만 있었습니다. 이인석 시인이 고모부, 선친은 임진수 시인이십니다. 여름이면 동네 개울에서 미역을 감아주시던 소설가 곽학송 선생님은 앞집 아저씨였으며, 선친의 釣友셨던 소설가 서기원 선생님, 시인 김시철 선생님의 낚시 짐꾼 역할도 많이 했습니다. 어릴 적 우리 집은 물질적으로 풍족하지 못해도 책과 술손님은 넘쳐났습니다. 산처럼 쌓여있는 책 속에서 형제들과 숨바꼭질했습니다. 통행금지가 있던 시절, 연희옥이라 불렸던 우리 집의 술손님은 시인, 소설가, 기자로 글을 써서 생계를 유지하시던 분들로, 술손님들의 문학적 비평과 시국 비판은 밤새도록 이어졌고, 숨바꼭질에 지친 우리 형제들은 책 속에서 잠이 들었습니다.

　글쓰기와 가까운 환경이어서인지 음악을 하셨던 어머님도 가끔은 방송에 투고하여 살림살이를 마련하셨고, 미국에서 사업하는 누님은 隨筆家로 직업을 바꾸었습니다. 동생은 그림 그리는 직업을 택했는데, 이 또한 한때 그림을 그리셨던 선친의 영향을 받은 것 같습니다. 저는 자라왔던 환경과 다르게 기술자의 길로 들어섰지만 끄적거리는 것을 좋아해서 사내외 지면에 雜文을 기고하고 있습니다. 끄적거리기 시작한 지 20년이 넘지만 굳이 시간으로 따지면 5~6천 시간 남짓하니 아직은 먼발치에서 작가들의 얼굴을 敬畏의 눈길로 보는 수준이고 경지에 오르려면 많은 연습이 필요함을 느낍니다.

　누이가 병아리 문인 시절, 선친께서 누이에게 글쓰기 자세를 가르치셨습니다. "대저 문인이란 돈벌이와 관계없이 글쓰기를 늘 연습해야 한다." 누이는 신병으로 인해 예전 같지 않지만 아버님의 가르침을 받아 열심히 글쓰기를 하고 있습니다. 나는 누이의 부지런함을 본받아 매주 편지를 끄적거리지만 갈 길은 아직 멀기만 합니다.

글쓰기 스승인 누이의 권유로 2014년 1월 수필전문잡지인 ≪그린에세이≫ 창간과 함께 신인상을 수상하며 등단하게 되었지만, 이미 언급한 것같이 내공이 부족하여 아직은 끄적거리는 수준입니다. 채우지 못한 나머지 5천 시간을 잘 활용한다면 나의 끄적거림이 언젠가는 글쓰기로 탈바꿈할 것이고 흥미를 갖고 정진한다면 피부에 와 닿는 글들이 나오지 않을까 합니다.

책을 묶으며 '내 사랑, 한전KPS'에 대한 마음의 빚을 어느 정도 갚았다는 안도감, 버킷리스트 한 줄을 지운 것에 만족하고 행복합니다. 이야기의 소재를 끊임없이 제공해 주시고 책 만들라 재촉하시던 선후배님들은 實名이 거론되어도 화내실 것 같지 않습니다. 책을 엮어주시고 글쓰기를 격려해 주시는 선우미디어 이 대표님께 감사드리며, 나이든 자식들을 위해 날마다 기도해 주시는 어머니, 등단을 인도한 누님, 든든한 형제들, 비생산적인 낚시와 글쓰기를 묵묵히 내조해 주고 책 발간 비용까지 군말 없이 감당해 준 집사람, 타지 생활하는 사이 의젓하게 커버린 사랑하는 두 아이들과 상냥한 사위 특히, 하늘나라에서 웃고 계실 아버님께 이 글로 감사 말씀을 대신 드립니다.

2019년 정초
임순형

한전 KPS에서 온 편지